不機嫌な長男・長女 無責任な末っ子たち

「きょうだい型」性格分析&コミュニケーション

五百田達成

Discover
ディスカヴァー

はじめに

あなたは友達や職場の同僚に「一人っ子っぽい」「弟がいそう」などと言われたことはありませんか？　あるいは初対面の相手に対して「お兄ちゃんっぽい」「妹かな」などと思ったことはありませんか？

しっかりしていて面倒見がいい女性を見ると「長女かな」と思い、子犬のように愛想のいい男性を見ると「末っ子だろうな」と思う。こうした感覚の正体は一体何なのでしょうか。

同じ家庭で育っても、お姉さんはしっかりものでおとなしく、妹はおっちょこちょいのおてんば（あるいはそのまったく逆）といった具合に、きょうだいでまったく性格が違うケースは珍しくありません。なぜ、このようなことが起きるのでしょうか。

家族はもっとも原始的なコミュニティです。「三つ子の魂、百まで」ということわざの通り、幼少期の環境や小さいころのふるまい方は、大人になってからの性格や行動に大きな影響を与えます。

小さいころどんなきょうだいと、どのように接したかで私たちの人格はおおよそ決まる。**「人の性格はきょうだい構成に支配されている」**と言ってもいいでしょう。

今回、「小さいころに体験した親やきょうだいとの関係が、大人になってからの人格にどれだけ影響しているか」について、老若男女、あらゆる人にインタビューを重ねました。

すると驚くほど多くの人が「あのときのことは今でもはっきり憶えている」「きょうだいのせいで私はこういう性格になった」と熱く語ってくれたのです。逆に「あまり関係ないですね」と答える人はほとんどいませんでした。

そうやって集めた膨大なエピソードを、独自の「きょうだい型」メソッドにのっとって読み解き、世の中の人を次の**4つの「きょうだい型」に分けて分析**しました。

・長子《ちょうし》（きょうだいのいちばん上）
・末子《まっし》（きょうだいのいちばん下）
・中間子《ちゅうかんし》（3人以上のきょうだいの長子と末子以外）
・一人っ子（きょうだいがいない）

今回の分析では**男性・女性の性別は問いません。**あくまで「きょうだい構成」「生まれ順」による分類ですから、「長男（長女）だけど末っ子」という人は**末子**になりますし、「長女（長男）だけど上にも下にもきょうだいがいる」という人は**中間子**、となります。ご留意ください。

きょうだい型メソッド1
～人は誰もが「一人っ子」か「末子」として生まれる～

それではさっそく、私が考案した「きょうだい型」の成り立ちについて説明していきましょう。

左ページの図をご覧ください。これはほとんどの人が自覚していない事実ですが、**すべての人は必ず、「一人っ子」または「末子」として生まれます。**必ず、です。

まず、その家庭にとって〝最初の子ども〟が生まれた場合、その子は暫定で、「**一人っ子**」となります。その時点では、下にきょうだいができるかどうかわからないので「長子」ではないのです。一方すでに子どもがいる家庭であれば、暫定で「**末子**」として生まれます。

その後、その下に弟妹が生まれた場合、暫定**一人っ子**だった子は「**長子**」、暫定**末子**は「**中間子**」へと、きょうだい型が変化します。

弟妹が生まれなかった場合のみ、暫定**一人っ子**はそのまま**一人っ子**に、暫定**末子**はそのまま**末子**となるわけです。

整理すると、**長子と一人っ子は途中まで同じグループ。**生まれ落ちたときに、親にとって唯一無二の存在だったという点で、ベースの性格や価値観は似たものになります。同様に、**中間子と末子は途中まで同じグループ。**生まれたときにすでに兄姉というロールモデルがいたという点で、似た性格が形作られます。こうした**生まれ落ちた**

人は誰もが「一人っ子」か「末子」として生まれる

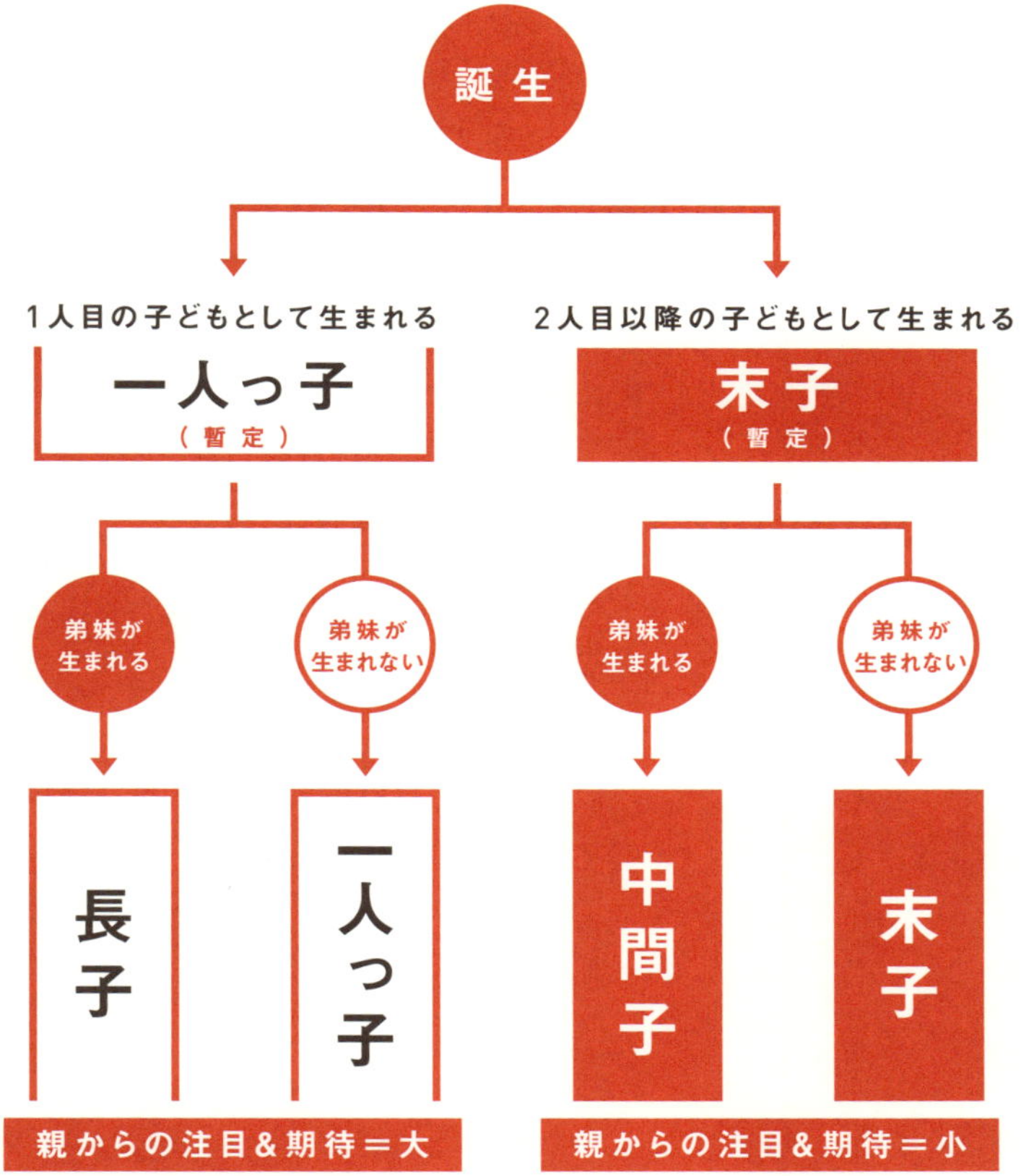

すべての人は必ず、その家庭にとっての「一人っ子」もしくは「末子」として生まれる。「一人っ子」は、その後弟妹が生まれた場合「長子」に、生まれなかった場合そのまま「一人っ子」になる。「末子」は、その後弟妹が生まれた場合「中間子」に、生まれなかった場合そのまま「末子」になる。

ときの条件によって形づくられる性格を「メイン性格」と呼びます。

その後、**長子**と**中間子**は、下に弟妹が生まれるという経験をします。その際、親の愛情を奪われたという気持ちと、きょうだいに対する責任感の両方が芽生えます。**一人っ子**と**末子**は、生まれ落ちたときの運命がそのまま変わりません。下に弟妹が生まれないので、満ち足りた充足感が続きますが、やや責任感に欠けることに。こうした**下にきょうだいができるかどうかで決まる性格を「サブ性格」と呼びます。**

「メイン性格」と「サブ性格」の二つがかけ合わさって、4つのきょうだい型それぞれの性格が決定されます。

きょうだい型メソッド2
～性格は親・きょうだいとの関係で決まる～

ではそれぞれの具体的な性格について見ていきましょう。左ページの図をご覧ください。

まずは左の「メイン性格＝まじめ」グループ。**生まれた時点でその家庭における**

性格は、親・きょうだいとの関係性で決まる

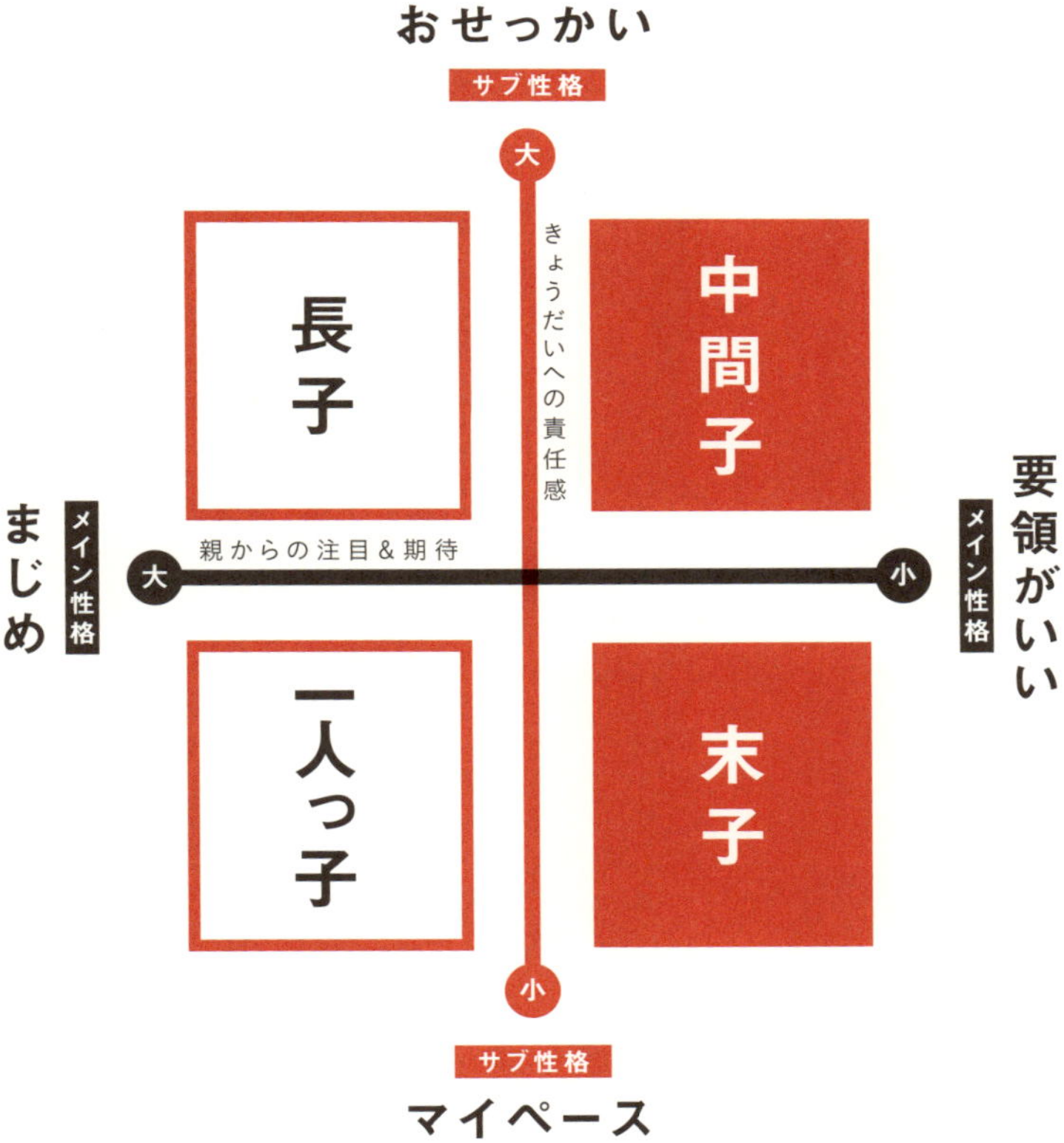

メイン性格:「親からの注目&期待」が大きい「長子」「一人っ子」は、「まじめ」な性格に、小さい「中間子」「末子」は「要領がいい」性格になる。
サブ性格:「きょうだいの責任感」が大きい「長子」「中間子」は「おせっかい」な性格に、小さい「一人っ子」「末子」は「マイペース」な性格になる。

〝ただひとりの子ども〟である「長子」「一人っ子」には、親からの期待や注目、プレッシャーが容赦なく降り注ぎます。そのため、大きく道を踏み外すことはできないし、おおむねまじめな生き方をせざるを得ません。王子・王女としてとても大切にされるので、セカセカする必要はなく、多少不器用でもＯＫ。その結果、鷹揚でおっとりした性格になります。

一方、右の「メイン性格＝要領がいい」グループは、〝二番目以降の子ども〟。上のきょうだいに比べると**親からの注目や期待が小さく、さらにはライバルであり目の上のたんこぶである兄姉がいるという環境に生まれ落ちます。**空気を読んで器用に兄や姉のまねをし、要領よく利益にありつこうとする性格に育つのは、彼らなりの生存戦略でもあります。

次に上の「サブ性格＝おせっかい」グループ。下にきょうだいがいる「**長子**」「**中間子**」は小さいころから世話を焼くことに慣れているので、大人になってからも他人に介入し、面倒を見ようとする傾向があります。

下の「サブ性格＝マイペース」グループは、下にきょうだいがいません。そのため、大人になってからも誰かに干渉しようという発想がなく、さらには自分のことさえ「誰かがやってくれる」と、どこかのほほんとしているのが特徴です。

こうした性格や行動特性の違いは、当然ながらお互いの相性にも影響を与えます。

いかがでしょう？　「あるある！」と思い当たるところが、いくつもあったのではないでしょうか。あるいは、「でもこれって、家庭の中の話でしょう？」「確かに家族と一緒のときはそうかもしれないけど……」と首をひねったかもしれません。

繰り返しになりますが、きょうだい型とは「幼少期の親・きょうだいとの関係」をベースに、人の性格を４つに分類する考え方です。その影響は、**小さいころや家族の話にとどまらず、大人になってからの人格、職場や結婚生活においても発揮される**というのが、本書のスタンスです。

ですから、きょうだい型について理解を深めれば、

- **自分では意識していなかった性格、考え方の根っこの部分を知ることができる**
- **親やきょうだいの行動原理がわかり、家族づき合いがラクになる**
- **妻や夫、子どもの考え方がわかり、夫婦のやり取り・子育てにも役立つ**
- **恋人や友人、職場の同僚の性格がわかり、コミュニケーションが円滑になる**

といった効果が得られます。

4タイプの性格の違いを知ることは、相対的に自分を知るのに役立ちます。というのも、性格とは自分で決めるものではないからです。自分では当たり前と思っていた考えが、他人の目には、むしろ非常識に映っていることもあります。そのズレこそが、周囲の人から見たあなたの「性格」なのです。

同様に、**周囲の人の性格がわかると、相手を許容しやすくなります。**「なぜあんなことを言うんだろう」「考えていることがさっぱりわからない」と苦手意識を持っていた相手とも、スムーズにやりとりするための手がかりがつかめます。

＊＊＊

まず1章では「きょうだい型メソッド」の基本的な考え方を解説し、2章では各きょうだい型の違いをさまざまな場面でクローズアップしていきます。さらに3章ではそうした違いを埋めるための正しい伝え方・言葉の選び方をアドバイスします。

自分と照らし合わせながら、きょうだいの顔を思い浮かべながら、身近な人のことを想像しながら、楽しくページをめくってみてください。

もし「あの人ともっと仲良くなりたい」「どうもあの人としっくりこない」という特定の人がいる場合は、その人がどのきょうだい型なのか調べてから読んでいただくと、さらに役立つはずです。

誰もがうっすら知っていたけれど、誰もちゃんとわかっていなかった永遠の謎が、ついに解き明かされます！

第1章 まるわかり！「きょうだい型」別 性格&相性

第2章 こんなに違う！「きょうだい型」別 思考&行動パターン

8
ピンチ

長子は、ピンチにもろい
末子は、ピンチに見て見ぬふり
中間子は、ピンチに張り切る
一人っ子は、ピンチに気づかない

96

9
チャンス

長子は、チャンスに気づかない
末子は、チャンスに浮かれる
中間子は、チャンスに尻込みする
一人っ子は、チャンスをつくる

102

10
仕事やキャリアに求めるもの

長子は、成長を求める
末子は、ワークライフバランスを求める
中間子は、人間関係を求める
一人っ子は、やりがいを求める

108

第3章

こうすればうまくいく！「きょうだい型」別つき合い方&ひとことフレーズ

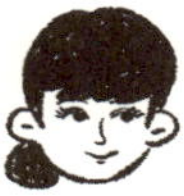
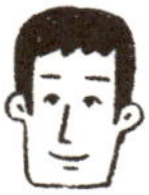

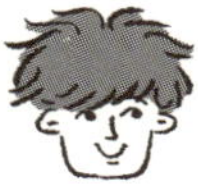
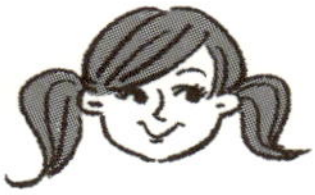

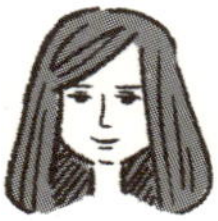
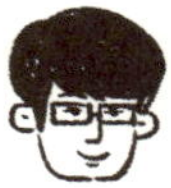

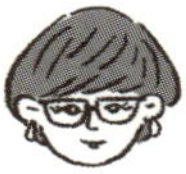

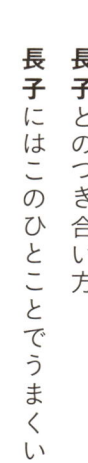

第1章

まるわかり!
「きょうだい型」別 性格&相性

長子

責任感と自尊心の強い
生まれながらの「王様」

〝最も親に愛されている〟自尊心ときょうだいへの責任感

長子の性格をひと言で言い表すなら**「王様」「女王様」**です。その性格は親からの惜しみない愛によって形づくられます。

何といっても一人目の子どもですから、親も子育ての理想に燃え、エネルギーにも満ちあふれています。

実際、多くの親が**「結局、一番目の子がいちばんかわいい」**と告白します。そして下の子になるほど、親も肩の力が抜け、手抜きも覚えていくことに。

長子のときは、妊娠から出産、ハイハイの様子、七五三、入学式と何百枚何千枚も撮った写真が、**中間子**では数十枚に減り、**末子**に至ってはほぼゼロになる……というのは多くの家庭の〝あるある〟です。

1 責任感が強く面倒見がいい

幼い頃から弟妹の面倒を見てきたため、大人になっても他人の面倒を見たりその場を仕切るリーダーになったりすることが自然にできる。ときには「おせっかい」「大きなお世話」と思われることも。

2 自尊心が高く人に任せられない

親にいちばん愛されているのは自分であるという自負から、自己肯定感が高いのも長子の特長。まじめで努力家で決断力もあるが、「自分がなんとかしなければ」という気持ちが強く、人に任せるのが苦手。

3 ボーッとしていて人の気持ちに鈍感

家庭では常に“いちばん”として扱われてきたため、大人になってからも、おおむね鷹揚でボーッとした性格。相手の繊細な感情に気づかず「デリカシーがない」と批判される場面も。

そのように〝最も親に愛されている〟という自負に加えて、「下の子たちの面倒を見てね」という親の言いつけをしっかり守ってきた**長子**。社会に出てからも、その**責任感と面倒見の良さ**はあまねく発揮されます。

自宅で飲み会を開けば遅くまで引き留めて「泊まっていきなよ」と勧め、友人が厄介な恋愛をしていると聞けば「相談に乗るよ」と張り切る。相手が誰であれ、放っておくということができないので、何かと「俺（私）がなんとかするから！」と出しゃばる傾向が強いのです。

人を支配しコントロールしようとする傾向も

さらに言うと、**長子**は基本的に弟や妹の人格を認めていません。

ある男性（**長子**）は、弟に婚約者を紹介されたときひどく驚いたそうです。というのも、幼いころから「お兄ちゃん、待って～」とまとわりついてきた弟のイメージが抜けていなかったから。「え！　お前ごときが結婚なんかできるんだっけ⁉」と純粋にビックリすると同時に、大人になっても自分の付属品や手下ぐらいに見下していた自分に、ハッとしたのだとか。同じようなエピソードを語る**長子**は少なくありません。

そのためか、大人になってから出会う赤の他人に対しても〝この人は自分のいうことを聞くはず〟と何の根拠もなく信じる傾向にあります。そのくせ、**自負心と自尊心が強く、人に任せられない性分**で、〝自分がやったほうが早い病〟にかかりやすいのも**長子**です。

家庭内で王様だったので、周囲の顔色をうかがってきた経験が少なく、大人になってからも、**おおむね鷹揚でぼーっとしています。**いざというときの決断力はあり、面倒見もいいのですが、**自分では気づかないうちに横柄な態度で人に接し、支配しコントロールしようとしている可能性もあります。**

ですから、〝よかれと思って〟〝相手のためを思って〟という大義名分のもと、ずかずかと踏み込み、相手の人格を損なう言動をしていないか、振り返ってみる必要があります。王様は結構ですが、「裸の王様」にならないよう、気をつけたいものです。

長子 から見た相性

仕事は末子、結婚は長子同士がうまくいく

長子にとって、**もっとも相性がいいのは同じ長子。**メイン性格（まじめ）が近い**一人っ子**ともそこそこうまくいきますし、真逆の性格である**末子**ともうまく補い合える可能性が。一方、似て非なる性格の**中間子**とは衝突する場面が多そうです。

仕事相手として相性がいいのは末子です。責任感とリーダーシップを発揮する**長子**と、周囲をうまく頼りながら効率よく仕事を進める**末子**は、お互い補完しあって、いいチームを組めそうです。

恋愛でも最初はノリがいい妹（弟）キャラの**末子**に惹かれますが、つきあいが長くなると違いが際立ってくることに。いつしかムリが生じるかもしれません。

結婚相手として相性がいいのは、文句なく長子同士。〝いざとなったら、家族の面

		長	末	中	一
長子	仕事	○	◎	△	○
	結婚	◎	△	△	○
	恋愛	△	○	×	◎
	友達	◎	×	×	○

倒は自分が見る〟という責任感や気負いをすんなり理解し合えます。そういう面では**一人っ子**ともまずまずです。

友達づき合いでは、**中間子**や**末子**の態度をじれったく思うことがしばしば。

家族の顔色をうかがう機会が乏しかった**長子**は、社会に出てからも周囲の思惑に鈍感なことが多々あります。「え？人づき合いなんて簡単だよ」「私は誰とでもうまくやっていけるタイプ」と口をそろえる**長子**ですが、実は相手が**長子**に合わせてくれているだけ、という可能性も十分にあるので要注意です。

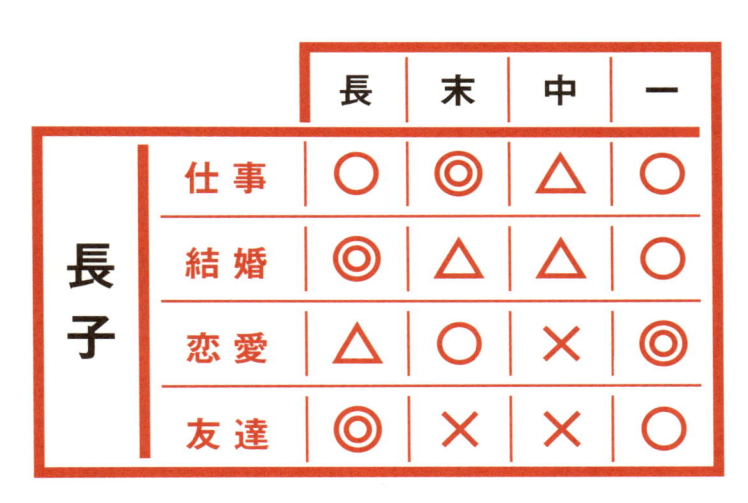

末子

ノリと愛嬌でしたたかに人生を謳歌する「アイドル」

サービス精神と社交性にあふれた「アイドル」

いちばん下のきょうだい、**末子**は家庭内における「アイドル」的存在。幼い頃はもちろん、大人になってからも家族みんなにかわいがられ、かまわれ、いじられる存在です。**末子**とはそもそも、**長子**がすでにいる家庭に生まれ落ちます。もうその時点で、親から100％の愛情は注がれない運命なわけですが、決して愛されないわけではなく、**長子**とは違った愛の形を享受することになります。

一人目は慣れないことばかりで、厳しくしつけ過ぎたかもしれない。だから下の子ぐらいは存分に甘やかしたい……。そう考えた親は、まるで孫やペットをかわいがるかのように、無責任にちやほやするのです。親としての経験を積み余裕も出てくるので、適度に手を抜くことも覚えてきます。そののんびり加減が**末子**自身にも伝わります。

1 甘え上手で他力本願

“いちばん小さい子ども”として家庭内で愛玩されたため、大人になってからも人に頼るのが上手。「誰かがなんとかしてくれる」という気持ちが強く、まじめな長子からは「無責任」と批判されることも。

2 要領がよくてしたたか

生まれたときから兄姉という「前例」を見ながら、ときにお手本に、ときに反面教師にして、ラクに生きる術を身につける。大人になってからも、器用で世渡り上手。それがずる賢い印象を与えることも。

3 ノリがよく享楽的

家庭ではアイドル的役割なので、周囲を笑顔にしたりみんなで楽しく盛り上がったりするのが大好き。いっぽうで、重苦しい雰囲気やもめ事を嫌い、面倒なことはできるだけ避けようとする傾向が。

そうやって愛玩される**末子**たち自身も、アイドルとしての自覚があります。たとえば、ある友人の息子（**末子**）は中学生とは思えないぐらい、うぶで幼く、「まだまだ赤ちゃんだな」と親戚中にかわいがられています。彼自身、幼く振る舞ったほうが、周囲が喜ぶとわかってやっているふしがあります（意識か無意識かはわかりませんが）。

その結果、**末子**には**長子**のような、しっかりしなくちゃという責任感やプライドは生まれません。培われるのは、**みんなを笑顔にしようというサービス精神と、もめ事を避け、ノリや雰囲気を大事にする社交性**だけなのです。

したたかで要領がよく他力本願が信条

そんなムードメーカーな**末子**ですが、いっぽうで、**したたかで要領が良く世渡り上手**という一面があります。

多くの親が「下の子は手がかからなかった」と振り返るように、**末子**は親から厳しく言われなくても、自然とマナーを身につけ、〝いい子〟に育ちます。というのも、生まれたときから**長子**というお手本がいるから。

あるときは褒められている**長子**のマネをして、あるときは叱られている**長子**を反面教師にして、ひたすら親の歓心を買う。そうでもしなければ、体の大きい**長子**には勝てない。それが**「生まれながらの〝下〟」**である、彼らなりの生存戦略なのです。

先行するロールモデルのいいとこ取りをしてきた**末子**は、大人になってからも、要領が人一倍いいのが特徴。学習能力も高く、なんでも上手にこなす器用さを持ち合わせています。それが逆に、ずる賢い印象を与えることも。なにかにつけてムダを嫌いますし、損得を計算しすぎる傾向があります。

末子たちが口をそろえるのは、**「きっと誰かがなんとかしてくれる」という他力本願な信念。**小さいころから面倒なことは親や**長子**が担ってきてくれた。自分はいつでもおこぼれ、お下がりの人生。自分がしゃしゃり出てもいいことはないし、結果がどんなものであれ、文句を言わず受け入れる……。そんな、あきらめとも達観ともつかない気持ちを抱えて生きています。

いつもピリピリとしている**長子**を「大変そう」と横目に見ながら、**楽しい毎日を謳歌しようとする吟遊詩人、**それが**末子**の本性です。

末子から見た相性

相性がいいのは末子同士、一人っ子にはイライラすることも

末子にとって、**もっとも相性がいいのは同じ末子。**メイン性格（要領がいい）が近い**中間子**ともうまくいきますし、真逆の性格である**長子**とも補い合える可能性が。ところが**一人っ子**にはイライラさせられることが多そうです。

末子同士は気が合うし、効率主義という発想も同じ。友人として和気あいあいと遊ぶこともできるし、楽しく交際した後、明るい家庭を築くこともできるでしょう。

ただし、**末子同士で仕事するのは要注意。末子**お得意の「誰かがなんとかしてくれる」が発揮され、誰も舵をとらず、宙ぶらりんになったまま一向に仕事が進まなくなる危険性があります。

また、表面的なノリだけで突っ走りがちな**末子**をうまくサポートしてくれるのは**中**

末子	長	末	中	一
仕事	◎	△	○	×
結婚	△	◎	○	△
恋愛	○	○	◎	△
友達	×	◎	○	×

間子。**長子**ほど偉そうに振る舞わないので**末子**にとってもつきあいやすい相手です。結婚生活でも上手にリードしてくれることでしょう。

あれこれ口出しする**長子**とは、仕事のように緊張感が求められる場面ではうまくいくことが多いのですが、友人関係では気詰まり。

また、マイペースな**一人っ子**に対しても、空気を読まずに全体の雰囲気を悪くするとに腹を立てたり、「もっと面倒を見てくれてもいいのに」と理不尽な不満を持ったりするケースが多いようです。

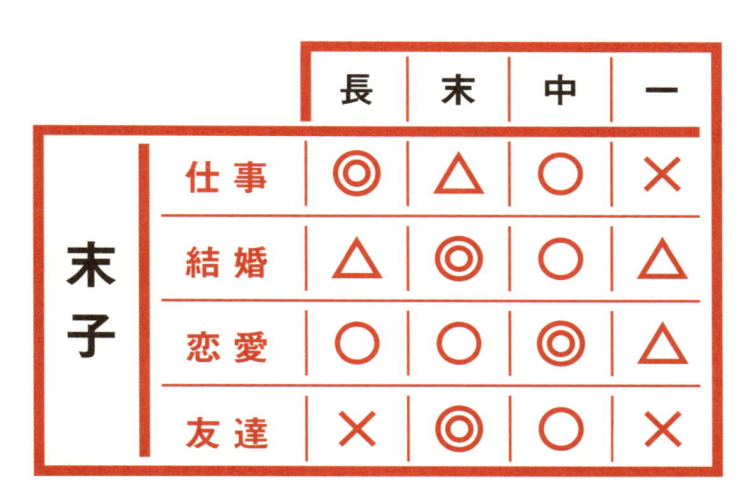

中間子

繊細で複雑で感受性の強い「永遠の思春期」

長子と末子のハーフであり、「中間管理職」的存在

中間子の性格を表すキーワードは「**思春期**」です。まるで十代の中高生のように他人が自分をどう思っているかが気になるし、周囲の人間関係も気にかかる。些細な言動に一喜一憂しては、クヨクヨしがちです。

中間子はもともと、**末子**として生まれます（暫定末子）。家族のアイドルとしてチヤホヤされ、栄華を誇っていたある日突然、その座は弟や妹に奪われる……。「その喪失感は実に大きかった」と多くの**中間子**は語ります。

以後は、妹や弟と一緒にいるときは〝上〟としての振る舞いを求められ、兄や姉と一緒にいるときは〝下の子〟として扱われる。コロコロ役割が変わるので、**自然とバランス感覚が養われます。**

1 繊細な八方美人

家庭では上でも下でもないポジションだったので、常に自分のキャラクターを模索。周囲の状況や思惑を非常に気にする傾向が。人づき合いではその観察力を活かし、どんな人ともそこそこ合わせられる。

2 優れたバランス感覚の調整役

兄姉と一緒のときは「下」の役割を、弟妹と一緒のときは「上」の役割を担ってきたため、職場の中間管理職的なことが得意。相手の気持ちを察し、場の空気も読めるため、交渉や調整の場面では手腕を発揮。

3 考え過ぎの目立ちたがり屋

親の“愛情のエアポケット”に陥りがちだったため、大人になってからも、「自分が割を食っている」と感じる傾向があります。その反動として、「自分に注目してほしい」という目立ちたがり屋の一面も。

いわば、**長子と末子のハーフであり、職場における中間管理職のような立場**の**中間子**。誰とでもそこそこうまくつき合える器用さを持っていますが、それが災いして、**「八方美人」**とバッシングを受けることもあります。

ある女性（**中間子**）は「小さいころ、普通にしていたら、親に気づいてもらえないという危機感が常にあった」と告白します。

一家団らんのときも、放っておくと自分の話はしてもらえない。何でもいちばんの**長子**と、愛玩される**末子**の間で、親の関心を引くのは並大抵のことではありません。ちょっとしたチャンスも見逃さずに、「私もね……！」と割って入るべく、涙ぐましい努力を重ねたそうです。この**目立ちたがり**という性格は、**中間子**が持つ〝裏〟の性格と言えるでしょう。

人間関係にめっぽう強い〝人づきあいのエキスパート〟

繊細な性格で、感受性も人一倍強い。よく考えてから行動する思慮深さがありますが、ときとして考え過ぎて、自分で自分を縛ってしまう傾向もあります。

考えすぎと言えば、**中間子**は**「いつも私だけ割を食っている」という被害者意識**を募らせがちです。ある女性（**中間子**）は「お下がりばかりで本当にイヤだった」と顔を曇らせますが、家族に確かめると「ほとんどなかった」とのこと。

別の女性（**中間子**）も「彼氏が自分にかまってくれないのが許せない。デート10回のうち8回はちゃんとしてくれてても、残り2回がダメだと、怒りが止まらなくなってしまう」と語ります。

いつでも人間関係に気を配れる彼らはいわば、**〝人づき合いのエキスパート〟**。**末子**がノリだけで動くのに比べて、**中間子**はパワーバランスや相手の気持ちまで配慮します。そのため交渉上手で、中間管理職などの調整役としては高い手腕を発揮。**中間子**がひとりいるだけで、チームが引き締まるシーンは多々見受けられます。

「誰とでもうまくやれる人づき合い上手」か「何を考えているかわからないミステリアスな人」か、人によって評価が大きく分かれるのも**中間子**らしいところです。

中間子から見た相性

誰とでもうまくやっていけるが、中間子同士の恋愛には要注意

中間子にとって、**もっとも相性がいいのは同じ中間子。**メイン性格（要領がいい）が近い**末子**とはうまくやれますし、真逆の性格である**一人っ子**とも大丈夫。唯一、**長子**とだけは何かとぶつかる場面が多そうです。

中間子は**空気を読むことに長けていて、相手に合わせるのが得意。**その分、我慢を重ねて、ストレスをため込む傾向があります。

たとえば、**長子**との仕事では、**長子**が強引過ぎるリーダーシップを発揮したとしても、細やかな気遣いでサポート。**長子**は働きやすく感じるかもしれませんが、**中間子**にとっては気疲れすることになりかねません。

むしろ、同じ身勝手ならどこまでも天真爛漫な**一人っ子**をサポートしたり、明るく

中間子	長	末	中	一
仕事	△	○	○	◎
結婚	△	○	◎	○
恋愛	×	◎	△	△
友達	×	○	◎	×

言うことを聞く**末子**をプロデュースするほうが、**中間子**のやる気につながるでしょう。

中間子同士はなにかと相性がいいのですが、こと恋愛となると、黄色信号。双方ともに駆け引きや相手を試すような行為に走ってしまい、台無しになる可能性があります。「策士、策におぼれる」にならないためには、**末子**ぐらい明るい相手のほうがいいのかもしれません。

逆に結婚のように、ひとたび安定した関係が手に入れば、中間子同士でも落ち着いて持ち前の優しさを発揮することができるはずです。

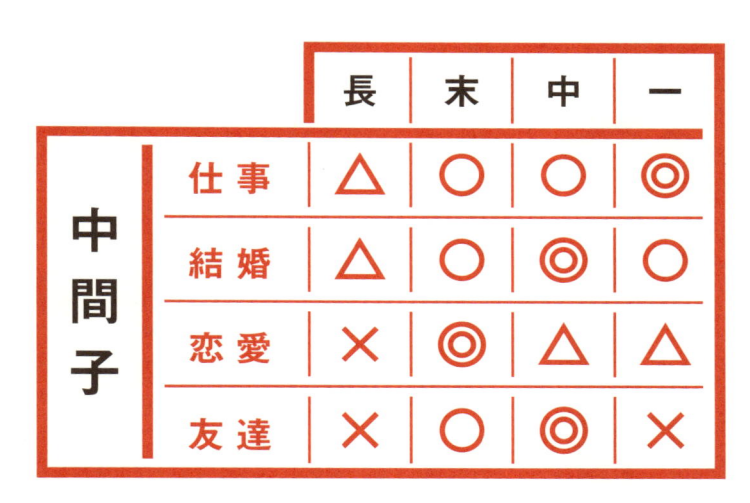

一人っ子

人間関係オンチでマイペースな「帰国子女」

揺るぎない親の愛情を受け、マイペースな素直人間に

一人っ子の性格をひとことで言い表すとしたら**「帰国子女」**でしょうか。きょうだいがいないという点で、「**長子・末子・中間子**グループ」とはまったく異なる価値観を持って大人になります。さながら、〝きょうだいがいる人たちの国〟に迷い込んだ帰国子女のよう、というわけです。

世間の常識にとらわれず独自のルールで行動。「マイペース」「自分勝手」と批判されても、「何のこと?」と首をかしげる図太い感覚の持ち主です。

そもそも彼らは**長子**と同じく、〝一人目の子ども〟として生まれ、親からたっぷりと愛情を注がれて育ちます。が、**長子**との大きな違いは、その後の人生に弟や妹が出現しないこと。よく〝部下ができて一人前〟などと言いますが、保護すべき対象がい

1 マイペースで常識にとらわれない

親から100%の愛情を注ぎ続けられて育つため、自己肯定感が強く、自分独自のルールにもとづいて行動。それが世間から見れば非常識であっても気にせず、我が道を行ける図太い感覚の持ち主。

2 自分の興味関心に忠実

きょうだいがいないので親の理解も財布もすべて独り占め。自分の興味関心のあることに没頭し、自由な発想とユニークなセンスで周囲を驚かせる。

3 人間関係オンチ

きょうだいゲンカなどを経験しないまま大人になるため、人との距離の取り方が独特。相手の感情や細かなニュアンスがつかめず、誤解したりされたり、なにかとトラブルになりがち。

ない**一人っ子**には、いつまでも責任感というものが芽生えません。

そのくせ親の愛情は下の子に分散されることなく、100%の濃度で降り注ぎ続けるのですから、**とてつもない素直さ**ができあがります。

親と過ごす時間は必然的に長くなり、親との関係は密接すぎるほど。一人遊びの時間も多く、早くから不思議に大人びた子どもとして育ちます。

人づき合いは苦手だが、自分の興味関心へのエネルギーは絶大

そうやって培われた**一人っ子**たちの感覚は、大人になってから周囲をしばしば驚かせます。

たとえば、**長子**たちの多くが「弟や妹のために学費を残しておかなければいけないと考えた」と胸を張りますが、**一人っ子**は当然、そんなことは考えません。親の財布も理解もすべて独り占めで、それを当然と思っています。

ある**一人っ子**（男性）は、「高校の同級生のうち、自分を含めて美術大学に進学したのは、5人が5人とも**一人っ子**だった」と語ります。「将来稼げるかどうか」という

不安とも、「浪人したら家庭に迷惑をかけるかも」といった心配とも無縁。そうした躊躇をしないからこそ、目の前の興味関心に没頭できるのです。

一人っ子の感覚でもっともユニークなのは、他人との距離感。きょうだいとおもちゃを奪い合ったり、一緒になって親に刃向かったりしたことがないので、とくに同年代の人間との関係の築き方に慣れていません。

これぐらいやったら人は怒る、この程度ならすぐに仲直りできる……。**人間関係の細かなニュアンスを体得しないまま大人になったため、人づき合いそのものが苦手。**思ったことはすぐに顔に出るくせに、相手にわかるように説明するクセがついてないなど、トラブルの種には事欠きません。

いわば**中間子**と真逆の **〝人間関係オンチ〟** なわけですが、そうしたささいな障害に負けない自由な発想と、好きなことに打ち込むエネルギー量は、まさに「常識外れ」です。

一人っ子から見た相性

ラクなのは一人っ子同士、世話焼きの長子との相性も◎

一人っ子にとって、**もっとも相性がいいのは同じ一人っ子。**メイン性格（まじめ）が近い**長子**ともうまくいきますし、真逆の性格である**中間子**ともまあまあ。サブ性格（マイペース）が近い**末子**とは意外と気が合わない場面が多そうです。

一人っ子同士はお互いがマイペースに行動し、さらには相手の動向もまったく気にならないので、干渉し合わずうまくいきます。

とりわけ結婚においては、**一人っ子**同士はとてもいい相性。溺愛する双方の親があれこれと口を出してきて大変そうですが、その苦労をわかりあえるのも同じ境遇ならではです。一見人当たりのいい**末子**ですが「親って面倒くさいよね」などと平気で言い放つので、親思いの**一人っ子**としては閉口することに。

一人っ子

	長	末	中	一
仕事	○	×	◎	△
結婚	○	△	○	◎
恋愛	◎	△	△	○
友達	○	×	×	◎

むしろ、〝いずれ親の面倒は自分が見る〟と考えている**長子**のほうが、気持ちをわかってくれるかもしれません。

長子とは恋愛における相性もなかなか。世話を焼きたがる**長子**の行動特性は、親からかまわれてきた**一人っ子**としては、自然と受け入れられるものです。

一方、**真逆の性格である中間子とは、仕事の面で補完しあえるといい効果が生まれます。**人づき合いの達人に交渉事は任せて、自分は自分の作業をこなす、というふうに棲み分けられれば完璧でしょう。

「きょうだい型」を補足する4つの外部要因

ここまで、きょうだい型とその特徴を解説してきました。しかし、当然ながら単純な生まれ順だけが人格を規定するわけではありません。いくつかの外部要因によって、きょうだい型は微修正されます。

1　年齢差

リサーチの結果、**きょうだい間の影響は3〜5歳差程度がもっとも強く表れる**ようです。

年が離れすぎている場合は、互いに影響し合う関係になりません（たとえば**長子**が10歳のときに、弟妹が生まれるなど）。

逆に、いわゆる「年子」など年齢が近すぎる場合も、**長子**には「下が生まれた」という意識がありませんし、親も兄姉としての振る舞いを要求しない傾向があります。**末子**のほうとしても同様です。

さらには双子ともなれば、きょうだいの上下関係は希薄。当人たちの話を聞いても、「片方が文系なら、もう片方が理系」といった微妙な棲み分けはありつつも、「二人で競い合って能力を高めあえる」「パートナーがいる心強さがある」など、前向きにとらえている様子。まさに「二人で一人」の特殊なきょうだい関係と言えるでしょう。

2 性別

きょうだい型は「性別」からも大きな影響を受けます。

ひとつは、**社会的に求められる性的役割と異なる場合。**

たとえば**長子**女性は、生まれ持った性格としてはリーダータイプの仕切りたがり。ところが、現代日本においてはまだまだジェンダー意識が強く、女性は控えめでおとなしいことを求められます。**長子**男性ほどには、ぞんぶんにリーダーシップを発揮できないことが多いようです。

次に、**その家庭にとって〝初めての性〟〝唯一の性〟である場合。**

例えば、親からの愛情が長子や末子に回ってしまいがちな**中間子**でも、女・男・女の順に生まれ、〝初めて〟かつ〝唯一〟の男となれば、むしろ注目を独り占めできるはずです。結果として、**中間子**的な性格は表出しにくくなるでしょう。

同様に、〝跡取り〟の意識が根強く残る地方であれば、「**末子**」でも「長男」であれば、むしろ**長子**的な性格が醸成されます。

3　家庭環境や親の教育方針

今回の分析は〝核家族〟を前提に考えています。**祖父母などと同居している場合**は、子どもに注意を払う大人の数が増えるので、状況が変わってくるはずです。

また、親が「お兄ちゃん・お姉ちゃんと呼ばせない（名前で呼ばせる）」「きょうだいに上下関係をつけず、平等に接する」「けんかにならないよう、食事はすべて別盛りにする」などといった教育方針を採ることで、きょうだい型の影響が薄くなる場合もあります。

4 家庭以外のコミュニティ

子どもは家庭だけで育つわけではありません。**一人っ子**だけれど、町内会の少年野球チームに所属して同年代の子にもまれて育つ、あるいは、**末子**だけれど、中学から寄宿生活をして生徒会長を任される、といった場合もまた、一般的な傾向からは外れるはずです。

こうした例外要素を頭の片隅におきながら、さらにきょうだい型について深く掘り下げていきましょう。

第2章

こんなに違う！「きょうだい型」別思考&行動パターン

長子は、Ａ型のライオン
末子は、Ｏ型の犬
中間子は、ＡＢ型のカメレオン
一人っ子は、Ｂ型のネコ

「きまじめな王様」の長子と「ゆとり世代」的な末子

この章では、きょうだい型の違いについていろいろなテーマで比較して見ていきます。最初のテーマは「たとえるなら」という視点。

初めての子どもとして生まれ、その後、弟や妹を統べるリーダーとしての責任も身につけた**長子**は、たとえて言うなら「A型のライオン」です。

〝百獣の王〟を彷彿とさせる頼りがいは、傲慢さと紙一重。弟妹に対してだけでなく、大人になってからは周囲の人間に対しても、偉そうにふるまう傾向があります。

親の期待を受け止め、努力を重ねてきたまじめさや几帳面さも持ち味。

親切で面倒見がいいけれど、なにかというと正義や大義を振りかざして介入してくる面倒くさい人。ある意味「世界の警察」を自認するアメリカのようなタイプ、それが**長子**です。

一方、**末子**はたとえて言うなら「O型の犬」。子どもの頃から〝人当たりの良さ〟

で勝負してきた**末子**は、大人になってからもそのアイドル気質とノリを武器に、器用に世の中を渡っていきます。

可愛がってくれそうな人を見つけたらしっぽをパタパタ。多少じゃけんに扱われてもヘラヘラし、何事もなかったようにクンクン甘える。結果的にお目当てのエサや骨をゲットするしたたかさが売りです。

いっぽうで、なにごとも要領だけでなんとかしようとし、やる気を見せようとしない様子は、いわゆる「ゆとり世代」を彷彿とさせます。

いつもニコニコ元気よく、何を言われてもへこたれない。言われたことはやるけれど、言われなければ決してやらない。リーダーである**長子**から常に「まったく……」と嘆かれる存在、それが**末子**です。

「こじらせ」の中間子と「帰国子女」の一人っ子

中間子を動物にたとえるなら「ＡＢ型のカメレオン」でしょうか。
子どもの頃から上に合わせて、下の面倒を見て……と、調整とバランスを意識してきた**中間子**。周囲の様子をうかがうあまり、自分でもどうしたいのかわからなくなることもしばしばです。**長子**の要素と**末子**の要素、どちらも兼ね備えた性格なので、「ミステリアス」「二面性がある」と言われることも。

また、**自意識過剰でいつも自分がどう見えるかを気にし、他の人の生き方をうらやむ**その性格は、「永遠の思春期」「こじらせ女子・男子」とも言えるでしょう。

さて**一人っ子**はというと「B型のネコ」がしっくり来ます。

小さいころから、家庭の中に子どもは自分だけ。きょうだいとバトルを繰り広げたり、年の離れた友達と遊んだりした経験がなく、いつもマイペース。一人遊びも苦にならない代わりに、人に合わせることも少なく育ちます。

さっきまで人なつっこくそばにいたかと思ったら、次の瞬間ぷいっとどこかへ行ってしまう。つかみどころがない、だからこそ気になってしまう、そんなネコのような性格が**一人っ子**という生き物です。

一般に、「B型は自己中心的」というイメージが強いからか、B型の人たちは「B型っぽい」といわれると顔を曇らせますが、きょうだい型における**一人っ子**も同様。「**一人っ子**っぽい」と言われるのを嫌がり、逆に「**一人っ子**っぽくないね」と言われると「よく言われるんだー」と機嫌がよくなります。

小さいころからきょうだいという人間関係にもまれることがなかったので、大人になってからも人づき合いに不慣れ。人との距離感が独特です。親との関係もどっぷりと濃密で、世間の常識には無頓着。その様はまるで、海外育ちが長く十数年ぶりに日本に帰ってきた「帰国子女」のようです。

“百獣の王”を気取る長子に、ノリよくシッポを振る末子。周囲の様子をキョロキョロとうかがう中間子、気ままで気まぐれな一人っ子。

長子は、エルサ（アナと雪の女王）
末子は、まる子（ちびまる子ちゃん）
中間子は、来生瞳（キャッツ・アイ）
一人っ子は、浅倉南（タッチ）

不機嫌な姉と無責任な妹がテーマの「アナ雪」

4つのきょうだい型のイメージは、世界共通の普遍的なもの。実際、古今東西さまざまなフィクション作品において描かれています。

「不機嫌な**長子**と無責任な**末子**」がまさにそのままテーマになっているのが、ディズニー映画「アナと雪の女王」です。

長子・エルサは劇中ほとんどの間、眉間にしわを寄せて、困って、悩んでいます。強い力をもてあまし、妹のことを心配し、国のことを考えては、自分を犠牲にすることを厭いません。

エルサが力を封印するきっかけになるアナの怪我も、きっかけはアナが不用意に近寄ってきたせいでした。封印していた力が暴発したのも、アナが、知り合ったばかりの男（ハンス王子）と結婚したいなどと言い出したから。

そんなエルサの気持ちを、**末子**のアナは、ちっとも理解しません。「来ちゃダメ」と言われてもつきまとい、次々と勝手にトラブルに見舞われ、挙げ句、ちゃっかり新しい男（クリストフ）と仲良くなる始末です。**いつも妹の行く末を心配し、助けずにいられないエルサはまさに長子の鑑とも言うべき存在**でしょう。

いつもイライラしている**長子**を尻目に、人当たりの良さと愛嬌で世の中を渡っていく**末子**の生き様は、日本が誇る長寿アニメ「ちびまる子ちゃん」のまる子に反映されています。

「宿題やったの？」と問いただされても、のらりくらりと生返事。将来の夢は「何もしないで生きていける人になること」。でも、そんなおバカでダメな**末子**が父や祖父は可愛くてしかたがない。「このままだとダメになる」と厳しく接しようとする姉も、泣きつかれると、つい結局は面倒を見てしまいます。

「タッチ」は双子を翻弄する一人っ子の物語

フィクションの世界で、**中間子**と**一人っ子**は影が薄いのが実情です。

中間子のシンボルをしいて挙げるなら80年代のヒット漫画「キャッツ・アイ」の主人公、瞳でしょうか。昼間は喫茶店を営み、夜は怪盗として暗躍する三姉妹（泪・

瞳・愛）。むやみやたらとセクシーな泪姉さん、元気印の高校生・愛に比べると、瞳はいまひとつキャラクターが薄い。そのくせ、勝手に刑事の彼氏を連れてくるといった素っ頓狂な行動にも出ます。

普段はきちんとしているのに、じつは目立ちたがりやで、ときとして突飛な行動をとる中間子の性格をよく表しているキャラクターといえるでしょう。

ちなみに、名作文学「若草物語」（4姉妹）や、ヒットアニメ「おそ松さん」（6つ子）のように、**中間子**が複数描かれるというパターンもあります。

「若草物語」では長女・メグはしっかり者の姉、末っ子・エイミーは生意気盛りの可愛い妹。次女・ジョーはボーイッシュな変わり者、三女・ベスは病気がちな内気な女の子として描かれます。ジョーとベスは正反対の性格だけど仲良し。二面性を持つ**中間子**のキャラが2人に割り振られているという見方もできます。

いっぽう「おそ松さん」では、長男・おそ松は〝小学生男子〟の心を持ったまま大人になった**長子**、末っ子・トド松は天真爛漫そうに見えてドライな**末子**。そして、次男・カラ松以下の４人は見事に**中間子**らしい面倒くささをさまざまな形で備えています。

さて、**一人っ子**の代表としてピックアップしたいのは、アニメ「タッチ」の浅倉南。男性には絶大な人気を誇るキャラクターのひとりですが、現代の女性からは驚くほど人気がありません。

その言動は実に**一人っ子**的。気の向くままにマネージャーをやったり、新体操をやったり。和也と仲良くしたかと思えば、達也に突然キスをする。「思わせぶりな魔性の女」「〝甲子園連れてって〟って自己中か！」と評判はさんざんですが、そんな言動も**一人っ子**ゆえと考えれば、納得がいかないでしょうか。

そもそも、「幼なじみと一緒にきょうだいのように育った」というユニークな設定。**周囲には理解のできない独自のルールと距離感で人間関係を築く**ところもまた、**一人っ子**スタイルと言えるでしょう。

男性キャラクターが描かれた作品としては「北斗の拳」（ラオウ・トキ・ジャギ・ケンシロウ）、「宇宙兄弟」（六太・日比人）などが有名。

長子は、石原慎太郎・市川海老蔵
末子は、イチロー・本田圭佑
中間子は、孫正義・柳井正
一人っ子は、村上春樹・坂本龍一

スポーツの末子、アートの一人っ子、起業家の中間子

では次に、実際の著名人のきょうだい型を見てみましょう。

まず、スポーツ選手に多いのが**末子**たち。野球選手で言うと王貞治、長嶋茂雄、野村克也、イチロー、松井秀喜……etc。サッカー界を見ても本田圭佑、川島永嗣、香川真司などそうそうたる顔ぶれ。日本代表も女子のなでしこジャパンも**末子**だらけです。他のスポーツでも、錦織圭、五郎丸歩、浅田真央などなど、数え上げればキリがありません。

実際、彼らの多くは兄姉の影響を受けてスポーツを始めたと語ります。**長子**をお手本に要領よく、すくすくと技量を伸ばしていくのは**末子**の十八番です。

また、兄や姉たちは、大人の階段をのぼっていく過程で、いつしか趣味やスポーツを卒業。勉強に打ち込んだり家業を継いだりしていくものです。もちろんそれは親からの方向づけによるところも大きいでしょう。

それに対して**末子は、いつまでもスポーツをやっていられる環境にあります。**親も**末子**には「そろそろ地に足の付いた進路を考えなさい」とはあまり言わない……。多くの**末子**アスリートが歴史に名を残していったことには、このような背景があったと推察されます。

次に、アートや芸能の世界で活躍が目立つのは、**一人っ子**です。男性では村上春樹に坂本龍一、小室哲哉、氷川きよし、太田光。女性では浜崎あゆみ、宇多田ヒカル、宮沢りえ、大塚愛、中川翔子などなど。個性あふれる顔ぶれがそろいます。

一人っ子は小さいころから、一人で過ごす時間が増えます。きょうだいがいる家庭では、子どもたちはゲームをしたり、きょうだいゲンカをしたりして過ごしているわけですが、そうした時間とは縁がない**一人っ子**は、本を読んだり、絵を描いたりと、すくすくと感性が磨かれていったはず。

また親という大人と過ごす時間も多いので成熟が早く、母親と一緒に美術館巡りをしたり、父親とジャズ喫茶に通っていたという子ども時代を過ごしているケースも珍しくありません。

さらには、他の人とは違う進路を歩もうとする**一人っ子**に対しても、親はいたって寛容。さまざまな面からのサポートを惜しみません。こうして**自分の感性の赴くままに、やりたいことを貫ける環境**があったからこそ、多くの**一人っ子**アーティストが生まれたのではないでしょうか。

さてこの数年、ビジネス界で注目を浴びているベンチャー経営者の二大巨頭、ユニクロの柳井正とソフトバンクの孫正義は、どちらも中間子です。

小さいころから、周囲にいつも気を配り、相手の気持ちを察してきた中間子は、交渉上手の政治上手に育ちます。

諦めずに粘り強く説得したり、場面に応じてあの手この手を繰り出したりして組織をまとめあげるその手腕は、経営者や政治家に向いているのかもしれません。

実際、安倍晋三をはじめとして、田中角栄、中曽根康弘、小泉純一郎、村山富市、鳩山由紀夫など、じつに歴代首相の約半数が**中間子**です。

地味ながら堅実にニッポンを支える長子

さて、肝心の**長子**はどの分野で活躍しているのでしょうか。

長子の有名人は、元東京都知事の石原慎太郎氏や歌舞伎俳優の市川海老蔵など、もちろんいるにはいます。が、どうも、これといった特徴がなく、ひと言で言えば地味な存在。

そもそも実直な**長子**には、スポーツ選手やアーティスト、ベンチャー経営者といった華やかな「著名人」という職業は不向きなのかもしれません。あるいは小さいころから家族の中心なので、「いつか有名になって注目を浴びたい」という欲が少ないとも言えるでしょう。

むしろ、**何代も続いた家業をきちんと継いだり、サラリーマンを定年まで勤め上げたりと、きちんとまじめに実業をこなすのが性分。**現在私たちが暮らしている日本社会の、うわべではなく実の部分をきちんと支えているのは、**長子**たちなのかもしれません。

スポーツ界ではフィギュアスケートの浅田姉妹、テニスのウィリアムズ姉妹、マレー兄弟などが有名。いずれも末子のほうが華々しい成績を残している。

長子は、道を切り拓く
末子は、ラクな道を行く
中間子は、道に迷う
一人っ子は、我が道を行く

果敢にゴリゴリ進む長子、抜け目なくスルスル進む末子

では次にいろいろなシーンにおけるきょうだい型の行動の違いを見ていきましょう。まずは前項とも関連する人生の進路やキャリアです。

例えば、親が「医学部に進学して医者になってほしい」と強く願っているような場合、その願いをかなえようと素直にまじめに、一生懸命勉強に励むのは**長子**たち。**親の職業や家業を継ぐことを厭わず、むしろ当然のことと受け止める**のも**長子**です。そこにはある種の悟りのようなものが感じられます。

そもそも〝一人目の子ども〟として生まれた**長子**たちには、参考にすべきロールモデルがいません。親としても最初の子育て体験ですから、あっちこっち試行錯誤。

こうして、いろいろなことにぶつかりながら人生を選択するのに慣れる彼らは、受験でも就職でも「やってみなくちゃわからないから」とガンガン突き進む傾向にあります。その裏には「まずは自分が切り拓かないと、後ろに続く者が困るだろう」という、おせっかいな責任感も透けて見えます。

いっぽう**末子**たちには、ゼロから道を切り拓こうなんて気持ちはさらさらありません。彼らにしてみれば、それはきわめて無駄な作業。**前例を参考にしつつ自分の適性と見比べて、とにかく効率的で進みやすい道を選ぼうとします。**なぜなら、そのほうがラクだから。

家庭でも、兄や姉ががむしゃらに苦労するのを見て、「僕もがんばろう！」と見習うのではなく、「うわ、大変そうだな」「僕はもっと向いている分野を目指そうっと」としたたかな考えを巡らせます。結果として、親からのプレッシャーをがっちりと受け止めて二浪・三浪する兄を尻目に、より偏差値の高い大学にするっと現役合格する弟、という構図が生まれたりするのです。

考えすぎる中間子と考えなさすぎる一人っ子

果敢にゴリゴリ進む**長子**と、抜け目なくスルスル進む**末子**に対して、**中間子**はどうでしょう？

パワーバランスや人間関係を気にする**中間子**は、そのどちらの道も取れないことが多いようです。
あるときは**長子**的な責任感に縛られ、あるときは**末子**的な損得勘定が胸を去来する。この道を選ぶと親がいい顔をする、こっちの道を選ぶと迷惑がかかる、と、右往左往。キョロキョロ見回し、**あれこれ比較しているうちに道を見失っていた……**なんてこともしばしばです。いわゆる〝自分探し〟にハマりやすいのも、シンプルに生きられない**中間子**の特徴です。

逆に**一人っ子**の進路選択は、どこまでも屈託がありません。他者の都合や損得に縛られない彼らは、家族の中でも社会に出てからも、**自分の思ったことをのびのびと実現**していきます。もちろん失敗することはありますが、もともと人の目が気にならないので、失敗を失敗と思わないことも多いようです。

ちなみに、きょうだいがいることの影響として〝棲み分け〟の効果も見逃せません。姉が勉強をがんばれば、弟は野球で身を立てる。兄が東京の大学にいけば、妹は地元に進学。そうやって知らず知らずのうちに全体でバランスをとってしまうのがきょうだいの不思議さです。

実際、私の知っているある四姉妹は、一番上が理系・東大、二番目が文系・阪大、三番目が医大に進学。四番目の**末子**は現在高校生で「私はハーバードでも目指そうかな」と笑っているのだとか。

このように、**互いに主戦場を微妙にずらして共存共栄をはかる〝棲み分け〟の感覚は、大人になってからとても重要。**残念ながら**一人っ子**に欠けがちな特徴と言えるでしょう。

お小遣いの額や門限など、自分が親と闘った末にようやく勝ち取った権利をちゃっかりと享受する末子に、長子の多くはイライラ。

長子は、やるべきことをやる
末子は、やれそうなことをやる
中間子は、みんながやらないことをやる
一人っ子は、やりたいことだけやる

「義」で動く長子、「利」で動く末子

親からの期待と愛とプレッシャーをがっちりと受け、ふたことめには「お兄ちゃん（お姉ちゃん）なんだからしっかりしなさい」と言われて育ってきた**長子**は、〝やるべきこと〟に積極的です。

家庭では弟や妹のお手本、社会に出てからは後輩や部下の模範となるような存在を目指します。

責任感が強く自分に厳しいため、個人の感情よりもルールや大義を優先。「誰かがやらなくちゃいけないなら」と自己犠牲も厭わないのですが、周囲からは堅苦しい人と思われることもあります。

いっぽう**末子**には**長子**のような責任感がありません。規律を守ったり、正義感をふりかざすのは兄姉に任せて、自分は楽しく生きていきたい、ラクに過ごしたいと考える、根っからの享楽主義者です。

家庭でも職場でも誰かに命じられればフットワーク軽く動きますし、自分がやれることは素早く要領よくやります。必要となれば愛想もふりまくし媚びも売る。しかし、誰にも言われないのに先回りして動くといったことは決してしません。「求められているかどうかもわからないことに時間と労力を費やすなんてバカバカしい」と、本気で考えているからです。

「他人」が基準の中間子、「自分」が基準の一人っ子

偉そうに正しさを振りかざす**長子**と、したたかに愛嬌をふりまく**末子**との間で、**右往左往しつつも自分の目立てる場面をうかがう**のが**中間子**の宿命です。

たとえば、職場のメンバーに**長子・末子・中間子・一人っ子**がいたとしましょう。人事異動の時期を迎え、「○○部長の送別会を開きましょう」と号令をかけるのは**長子**です。お世話になった先輩の送別会は、開く〝べき〟だからです。しかし、言い出しただけでデンと座ってなにも動かない**長子**も多くいます。

そんな中実際に動き回るのは**末子**でしょう。お寿司を手配したり、テーブルを並べ

たり、とフットワークは軽いのですが、「はいはい、言われたことだけやりますよ〜」と、常に受け身。自分からは動こうとしません。

そんな中、**中間子**は全体の進行をじっと眺めて、プランの抜けているところをうまくフォロー。黒子に徹していたかと思ったら、おもむろに「じゃじゃーん！」と花束を買って登場したりします。

そんな中、**一人っ子**はまず、送別会に出席するかどうか自体、怪しいかもしれません。**一人っ子**の価値基準はずばり「自分」。「べき」でもなく「ラク」でもなく「人間関係」でもなく、あくまで「自分」。

仮に送別会に出席したとしても、突然飾り付けに凝り始めたり、司会を買って出たり。そこには「〜のため」とか「ここで目立とう」とか、そういう思惑はまるでなく、好きだからやる、気になったからやる、ときわめてシンプル。

「空気を読まない」「マイペース」などと揶揄されることの多い**一人っ子**ですが、逆に言えば、**どこまでも素直で子どものように無邪気**なのです。

「こらこら！　こういうときはこうするものだよ」と注意されれば、「あ、そうなんですか～」とあっさり態度や価値観を改めるのは、変なポリシーにとらわれていない**一人っ子**ならではの強みかもしれません。

イベント責任者としては一人っ子が夢中になれる作業をうまくつくれるかどうか、そしてやり過ぎないようにブレーキをかけられるかどうかが、成功のポイント。

6

欠けているもの

長子は、デリカシーがない
末子は、ガッツがない
中間子は、素直さがない
一人っ子は、常識がない

王様気取りの長子、家来扱いの末子

「〝きょうだいの違い〟と言われても、あまりピンと来ない」「他のきょうだいが何を考えてるかなんて、想像したこともなかった」

きょうだい型の話をしても、いまひとつピンとこない様子も、**長子**の特徴です。

そもそも「下」に生まれた**中間子**や**末子**が、兄や姉の言動を注視してきたのに対し、**長子**は妹や弟の気持ちには無頓着。庇護する対象としては見ていても、一人の人格としては見ていないふしがあります。ハッキリ言えば「眼中にない」のです。

「いやいや、そんなことないですよ」と口では言いますが、続けて「弟や妹の引き出しとかって、開けませんでした？」と聞くと、「それは開けますね〜」と苦笑します。

ある**長子**女性は「弟の引き出しを開けたら、〝痴漢もの〟のＡＶが出てきて、超気持ち悪かったんです」とどこまでも悪びれる様子がありません。

家庭内では自分がトップ、親以外の家族は自分の家来ぐらいに思ってきた**長子**は、**社会に出てからも他人に対しても遠慮なく干渉します。**特に同年代の相手に対しては「この子のために私が言ってあげなきゃ」くらいの親切心で注意したりするので、「無神経」と思われることもしばしばです。

長子にデリカシーが足りないとすれば、**末子**たちに欠けているものはガッツでしょう。ものごとを効率や損得勘定で考え、最短ルートで成功にたどりつきたいのが**末子**なので、**やる気、粘り、ガッツ、といった汗臭いものはむしろ避ける傾向にあります。**いわゆる〝ゆとり世代〟的な言動が多いのも、**末子**たちです。

末子の生まれてきた世界には最初から、体力的にも権力的にもかなわない兄や姉が存在します。つまりは「負け」からスタートということ。

兄姉の幼稚園や保育園の送迎に連れていかれたり、同じ習い事を習わされたり。もちろん真似るばかりではなく、「同じはイヤ」と反発したりもしますが、結局は「すでにあるものをどうにかする」という発想。「与えられた条件を疑わない」「ゼロから切り拓かない」という、大人になってからも顕著な特性はこうして育まれていきます。

職場でも、**末子**は前例に学びながら無駄を省き、スマートに仕事をこなそうとします。上司や先輩社員に「汗をかかない」「要領だけ」と嫌みを言われたら黄色信号。せめて〝がんばっているフリ〟だけでもしておくのが賢明でしょう。

空気を読みすぎる中間子、読まなさすぎる一人っ子

中間子に圧倒的に欠けているもの、それは「素直さ」です。

たとえば、おばあちゃんからお年玉をもらう場面。**末子**は間髪入れず「わーい、ありがとう！」と大げさにはしゃぐはず。そう振る舞えば、大人たちが喜ぶことを本能的に知っているからです。**長子**は「いつもありがとう。長生きしてね」と肩をもんで、「しっかりしてるわね」などと褒められます。

問題は**中間子**の立場。「しっかり者」「幼くてかわいい」いずれの役割も、ほかのメンバーにとられてしまっています。内心ではすごく喜んでいるけれど、あからさまにはしゃぐのも恥ずかしい。成熟した自意識が邪魔をして、ぼーっと突っ立ったり、モジモジしたり。結果「かわいげがない」「何を考えてるかわからない」と大人たちから不審がられる悲しい運命をたどります。

その傾向は大人になってからも同じ。食事をごちそうされても、**中間子**はとにかくリアクションに乏しいのです。嬉しくないわけでも、斜に構えているわけでもないのに、「大げさに言うと、お世辞と思われるかも」などと、**空気を読みすぎて身動きが**

とれなくなる。それが「永遠の思春期」、**中間子**の特徴です。

さて、**一人っ子**に欠けているものをひと言で表すなら「常識」でしょうか。常識とは、多くの家庭の通例であり、同年代の子どもたちの慣例のこと。きょうだいのいる家庭では、兄姉弟妹の友達と一緒に遊ぶ機会もあって、自然といろいろな家庭文化に接する機会が増えます。そこから学ぶことも多いでしょう。ところが、**一人っ子**の場合、「普通はこうするもの」という常識のサンプルがどうしても少なくなるのです。

結果、**社会に出てからも悪気なく、「うちではこうしてた」とマイルールを持ち出す傾向に。**しかし「非常識」と批判されても、「そんなものかなあ？」と首をかしげられるのが**一人っ子**の強さでもあります。結局〝一番目〟として生まれてきた**長子**と**一人っ子**には「謙虚さ」が欠けている、ということなのかもしれません。

何もしなくても親戚中の注目を独り占めにできる一人っ子は、大げさに喜んでアピールする必要がないため、意外と控えめなリアクション。

長子は、よく考えて決断する
末子は、人に決断してもらう
中間子は、決断を先延ばしにする
一人っ子は、よく考えずに決断する

自分で決めたくない末子、他人の分まで決めたい長子

人生とは選択と決断の連続。大きなものでも小さなものでも、私たちは何かを決めながら生きています。その「決め方」にも、きょうだい型の影響が表れます。

たとえば、職場の同僚4人で飲みに行くとしましょう。「ビールが飲めればどこでもいい！」「刺身かな」「もんじゃ焼きとか惹かれる」「最近、ワインに凝ってて〜」など、当然意見が分かれます。

そんな時、「じゃあ、あそこの居酒屋にしましょう！」と決定を下すのはたいてい、**長子**です。「いいね〜！」と乗っかる**末子**に対し、「えー、でもせっかくだからもう少し考えようよ」と結論を先延ばしにしたがる**中間子**。いっぽう、**一人っ子**は通りすがりのカレー屋の看板に目を止め、「この店、おいしそう！」などと言い出して議論は振り出しに……。

そもそも**長子**たちは、子どもの頃から決めることに慣れています。親からは「お兄

ちゃん（お姉ちゃん）、どう思う？」「好きなようにしなさい」と言われる。弟妹たちは相談できる相手ではない。自然と自分で決めるクセがついていきます。

職場や友人関係でも、なかなか物事が決まらない場面に出くわすといてもたってもいられなくなり、つい場を仕切り始めるのが**長子**の性。

なんでもテキパキ決める、なんなら他人の分まで決めてあげる。だいじょうぶ責任は私が持つから、黙って従え。というジャイアン的な思想が**長子**の基本です。

知人の女性（**長子**）は、妹が結婚する際、披露宴や二次会の会場選び、演出や招待客に至るまで、すべて彼女自身が決めて取り仕切ったそうです。「だって、妹に任せてたらいつまでも決まらないから……」と、ため息まじりに世話を焼く姿は、おせっかいなお母さんそのもの。

ところが、その結果「大きなお世話」と煙たがられると「せっかく決めてあげたのに。ブツブツ……」と、ムッツリと不機嫌になるのも**長子**によくある光景です。

いっぽう**末子**は、自分が決めることに慣れていません。

生まれつき、「与えられた条件の中でがんばる」のが得意で、「言ってくれればやる」が信条の**末子**。要領よく情報を集めるのは得意ですが、その情報をもとに決断するのは苦手。というのも、**決断につきまとう責任感が大嫌い**なのです。

Aか Bかなんて決められない。そういうめんどくさいことは人に任せたい。一度決まったら文句は言わないし、そこそこ努力するから。っていうか、そもそもAでもBでも、どっちでもよくない……？　これが**末子**たちが心の奥底に抱えている本音です。

決められない中間子、マイルールで決断する一人っ子

さて**中間子**はというと、**末子**ほど他人任せにもできず、**長子**ほどの責任感のあるリーダーにもなりきれず、悶々と悩み続けます。

小さいころから周囲の思惑を察し、社会に出てからも**人との関係や立場を重んじる中間子は、そんなに簡単にスパッと決断できないのです。**

自分だけのことならまだしも、メンバー全員の利害が関わるとなれば、決断には極めて慎重。誰にも角が立たないよう、みんなの意見を反映したがります。誰かが「これ以上話し合ってもらちが明かないから、決めちゃおう」と言い出してもなお、「ちょっと待って。もうちょっと話し合おうよ」と説得します。

結局、**中間子**が物事を決められるとしたら、「時間切れ」「予算の兼ね合い」など、他の要素が必要になります。めんどくさいことこの上ありませんが、それが**中間子**の生き方なのです。

一人っ子の決め方は、その真逆です。彼ら・彼女たちは**決断もマイルールに従うのみ。**周囲の顔色や人間関係からは、もっとも遠いところで判断します。

ある女性（**一人っ子**）は「レストランでの注文の仕方がおかしい」とよく友人たちに笑われるそうです。というのも彼女はメニューを開くといちばん最初に目についたものをぱっと注文。「おもしろそうだから」「見たことがないから」というのがその判断基準です。「みんなでシェアするかも」といった配慮はもちろんありません。逆に、彼女がそうすることで、周囲の方針（個別で頼む）が決まることもしばしばです。

一人っ子は自分勝手かというとそうではありません。「ねえどう思う」と聞けば、優しく相談に乗ってくれます。しかしその際、アドバイスがいつも「私ならこうする」「僕はこうしたけどね」という言い方になるのは、ご愛嬌です。

「メニューなんて何でもいい。みんなで楽しく話せればどこでもいい」とは、ノリ重視でこだわりのない末子からよく出る意見。

8
ピンチ

長子は、ピンチにもろい
末子は、ピンチに見て見ぬふり
中間子は、ピンチに張り切る
一人っ子は、ピンチに気づかない

ここぞとばかりに目立とうとする中間子

人生は順調なことばかりではありません。大小さまざまなピンチに遭遇することもあります。デートに遅刻しそう、財布を落とした、会社の倒産、家族が倒れた……。

そうしたピンチを前にしたとき、もっとも張り切るのは意外にも**中間子**たちです。基本的には周囲に気を配り、バランス重視の彼らですが、だからこそ内心では「もっと目立ちたい」「注目を浴びたい」と切実に願っています。そこには中間子の原体験が色濃く影を落としています。

小さい子どもにとって喉から手が出るほどほしいもの、それは「親からの関心」です。**長子**や**末子**の話にはいつでも耳を傾ける親も、ついつい真ん中の子に対しては注意が抜け落ちることがあります。親たちは「そんなことない」と言うかもしれませんが、実際に多くの**中間子**は「当時そう感じていた」と証言。〝愛情のエアポケット〟とも言うべき現象です。

努力を重ねなければ、親の注意を惹きつけられなかった過去がありますから、社会に出てからも、周囲のバランスを取る性格でありつつも、内心は目立ちたくてしょうがない。

そんな彼らにとってピンチは格好の目立つチャンスです。「ここぞ！」とばかりに張り切って、周囲に自分を印象づけようとします。

追い込まれた状況であれば、活躍しすぎて悪目立ちする心配もありませんし、仮に失敗したとしても、大目に見てもらえる。いつも人の目を気にしてモジモジと手をこまねいている**中間子**にとって、そんなことを考えていられない非常事態こそが、のびのびと行動できるシーンなのです。

一方、ふだんは卓越したリーダーシップを発揮する**長子**はどうでしょう。

彼らは親に大事にされ弟や妹を従え、たいていのことは自分がコントロールできるという手応えを感じながら成長します。

そんな全能感を抱えた彼らだけに、**自分ではどうしようもないピンチに直面したときのショックはとても大きく、「もうダメだ」と頭を抱え現実から目を背けてしまう**傾向があります。「打たれ弱い」「もろい」という言い方もできるでしょう。

そんな中、ピンチを前にして見て見ぬふりをするのが**末子**です。ここで重要なのはあくまでも〝ふり〟であって、本当は危機的な事態に気づいているという点。状況を察する力に長けている**末子**は、なんならいち早くピンチに気づきます。でも、認めてしまうと自分で対処しなくてはいけない。**面倒は避けたいという強い一心で、ギリギリまで素知らぬ顔を続ける**のが**末子**の特徴です。

たとえば、日本にゴジラが上陸したとしましょう。

おろおろして使い物にならないボスが**長子**だとすると、そんなボスを尻目に、興奮気味に采配をふるうのが**中間子**。そして「暴れるだけ暴れたら、帰ってくれるでしょ」「偉い人が何とかしてくれるはず」と、どこまでも他人事に構えているのが**末子**です。

ピンチをチャンスにかえる可能性を持つ一人っ子

では、**一人っ子**の場合はどうでしょうか。**一人っ子**はゴジラの襲来をピンチと思わない可能性があります。「こんな怪獣がどこに潜んでいたんだろう」と驚いたり、「さて、どこに逃げようかな」とワクワクしたり。

基本的に自分しか見ていないので、自分が大丈夫であればピンチじゃない。人間関係におけるピンチは、特に気づきにくいようです。

たとえば、夫婦喧嘩をして奥さんが家を出ていったとします。**一人っ子**の夫はそれがピンチとは気づきません。せいぜい「今日は帰りが遅いな」「お腹空いたな」と思う程度。なぜなら「オレは愛想をつかされるようなことをした覚えはない」からです。

仕事の場面でも同様。たとえば、勤めている会社が不祥事を起こしたとします。社長が**長子**なら、「みなさまに大変なご迷惑をおかけし……」と憔悴して謝罪会見をするでしょう。しかし、**一人っ子**社長は、世間がどんなに騒ごうともどこ吹く風。社会的責任や信用にもあまり関心がないので、やるべきことを淡々と処理する。そうこうしているうちに、自然と業績が上向く、ということもよくあります。

張り切る**中間子**、淡々とこなす**一人っ子**。どちらも、意外とトラブル処理に向いているキャラクターと言えます。

手に負えない事態を前に、長子はうろたえるだけではなく、周囲に当たり散らすことも。自分に火の粉がかかってようやく末子も動き始める。

長子は、チャンスに気づかない
末子は、チャンスに浮かれる
中間子は、チャンスに尻込みする
一人っ子は、チャンスをつくる

あまのじゃくの中間子、お調子者の末子

前項「ピンチ」の場面では大活躍できた**中間子**ですが、「チャンス」を目の前にすると悲しいほど精細を欠いてしまいます。

中間子は言うなれば、**引っ込み思案な目立ちたがり、素直になれないあまのじゃく。**チャンスを目の前にすると「これってほんと?」「ドッキリじゃないの」と尻込みしてしまい、チャンスを逃してしまうことがしばしばです。豪雨の日に動き回り、晴れの日にはかえって引きこもってしまう。それが**中間子**の生き方です。

いっぽう、危なっかしいぐらいにチャンスに飛びつき、「やったー」と**浮かれまくるお調子者**は**末子**です。子どものころから祖父母や両親、兄姉にかわいがられ、当たり前のように特別扱いされてきた**末子**たちの辞書に「分不相応」「はしゃぎすぎ」という言葉はありません。

たとえば、ある女性が飲み会で男性と知り合い、後日「今度、食事にでも行きましょう」と連絡が来たとします。

考えすぎでこじらせ気味の**中間子**は、「どういうつもり？」「他の子にも送っているんでしょ」と悶々とした挙句、「なにか売りつけられる？」と疑い始めます。

末子はもちろん、そんな面倒くさいことはしません。食事に誘われただけで「これって脈あり⁉」と早合点して大盛り上がり。周囲にも「誘われちゃった〜」などとノリノリで報告し、いそいそとデートへ出かけて行くでしょう。

組織全体を考える長子、組織の飛び道具になる一人っ子

さて、**長子**たちはチャンスを前にすると、のんびりしすぎてチャンスを逃すことが多いようです。

抜け目なくチャンスに目配りする**末子**と違って、**長子**は**基本的にぼーっとしているので対応ものんびり。**お殿様・お姫様のようにどーんと構えているのが常で、むしろ自分から動くのは格好悪いとすら思っています。

先ほどの例で言うと、「モテ期が来た！」とご機嫌な**末子**に対し、「知り合ったばかりでいきなり食事ってのもね」などとしかめっ面。内心ときめいていた相手でも、プライドやモラルが邪魔をしてチャンスをつかみ損なうのです。

もちろん、その慎重さが功を奏する場面もあります。

たとえば、サッカーの試合でＰＫ戦になったときを想像してみてください。「俺が蹴る！」と真っ先に言い出すのは**末子**。**中間子**は立候補したい気持ちもありますが、「外したらどうしよう」と躊躇し一歩引きます。

そんな中、「誰でもいい。チームの中で最も確実に決められる人が蹴ればいいんだ」と考えられるのが**長子**です。自分がスポットライトを浴びることよりもチームの勝利が重要。チャンスを前にしても浮き立つことなく、全体の利益を考えられるのは仕事の場面では長所になります。

では、**一人っ子**はどうでしょうか。**長子・中間子・末子**とは、どうやらチャンスの概念そのものが違うようです。

小さいころからたっぷりと親の愛情に包まれて育ち、きょうだい間で親の愛情を奪い合った経験もないので、**一人っ子**の自己肯定感は大変なものがあります。

だからこそ前項でも触れた通り、いつも自分基準で行動し、周囲の動向に左右されない。**周りがなんと言おうとも、自分がいいと思ったらいいし、自分がダメと思ったた**

らダメ。景気に左右されない安定株のようなものですね。

仕事でも、他の人が喜び勇むような場面で**一人っ子**のテンションが上がることはありません。周囲からの期待をよそにマイペースを貫くので、「もったいない……」と嘆かれることもしばしば。そういう意味では「チャンスに弱い」とも言えるでしょう。

ところが前項で見たように、ピンチの場面でもひょうひょうとマイペースに力を発揮できるので、そこからチャンスが生まれることが多々あります。

会社の業績がふるわず、周囲が「このままではまずい」「今年はボーナスがないかも」などと嘆く中、一人着々と新しいサービスに邁進。結果として業績の立て直しに一役買ってしまい、みんなから「ありがとう」と感謝されても、「何のことですか？」と怪訝そうな顔をする。

そんな漫画の主人公みたいな、組織にとっての飛び道具こそ、**一人っ子**の特異なキャラクターなのです。

パスをつなぐのは上手でも、決定力に欠けると批判されて久しいサッカー日本代表。必要なのは、一人っ子的ストライカー？

10

仕事やキャリアに求めるもの

長子は、成長を求める
末子は、ワークライフバランスを求める
中間子は、人間関係を求める
一人っ子は、やりがいを求める

ワーカホリックになりがちな長子と一人っ子

上司や同僚、部下と話していて、話がかみあわないと思ったことはありませんか？自分はつらいと悩んでいるのに、他の人はケロッとしている。逆に、楽しく働いて満足できているのに、周囲からは「無理をするなよ」と注意される。そうした仕事への取り組み方の違いも、きょうだい型にヒントがあるかもしれません。

まず**長子**が自らの仕事やキャリアに求めるキーワードは「成長」です。

まじめで意識の高い**長子**たちは、昨日よりも今日、今日よりも明日、と、なにか一つでも成長するのが大好き。成長が止まってると感じるとイライラしてしまいます。そのため**「スキルアップ」「自分への投資」といったあおり文句に踊らされがち**な一面も。

仕事たるもの、一度引き受けたからには最後までやり通すべきという強い責任感もあるので、いわゆるブラック企業でもつい限界を超えて堪え忍んでしまいます。

そんな**長子**と同じように、ワーカホリックになってしまう可能性を秘めているのは、意外にも**一人っ子**です。

子どもの頃から自分のペースで行動することに慣れている**一人っ子**は、大人になってからも他人からの期待をバネに動くことはありません。その代わり、自分で「これぞ！」と思ったものには、労力を惜しまずとことんのめり込みます。

ですからそんな**一人っ子**がもし、自分から夢中になれる仕事に出会おうものなら、それこそ**寝食も忘れ、人の目も気にせず、「楽しい、楽しい」と常軌を逸して打ち込んでしまうはず。**「いい加減にしておきなさい」とそばでブレーキをかけられる人が必要になるでしょう。

ウエットに働く中間子、ドライに働く末子

いっぽう、**中間子**が仕事に求めるのは「良好な人間関係」です。彼らが最も力を発揮するのは「この人のために働きたい」と思える相手と仕事をしているとき。「尊敬する上司に褒められたい」「信頼してくれてる得意先をがっかりさせたくない」

という思いが、何よりのモチベーションになります。**仕事の中身や自分の成長は二の次で、つねに人から必要とされたがるの**が**中間子**なのです。

そんな彼らが疲弊するとしたら、そういう性格につけこむ上司・同僚がいた場合。「これも任せる、あれも任せる。いつも助かってる、お前がいないとやっていけない」と繰り出される甘い言葉に乗せられて、気づくと山のような仕事を一人で抱え込んでしまうのが、**中間子**が陥りがちなワナです。

「成長」というニンジンに弱い**長子**、夢中になると周囲が見えなくなる**一人っ子**、「人」ありきで仕事を選ぶ**中間子**に対して、**末子**はどうでしょうか。

末子が仕事に求めるのは「ワークライフバランス」。つまり、**「そこそこ働いて、そこそこ遊ぶ」というストレスのない働き方**です。仕事や出世へのコミット度合いも高くはなく、「仕事なんて生活の一部だし、人生のすべてを賭けるなんてあり得ない」などと平気で言えてしまうのが**末子**です。

たとえおもしろそうなプロジェクトでも、徹夜で家に帰れなくなりそうなら手を挙げませんし、「給料が上がる」と言われても「時給換算してみないと何とも言えない」

としたたかに計算を巡らします。

ブラックな環境に放り込まれようものなら、「無理です」と白旗を揚げ、「もっと人員を増やしてください」とあっさり陳情。通らなければ「じゃ、辞めます」と去っていくことでしょう。そこに「自分が辞めたらほかの人が困る」「見込んでくれた先輩に申し訳ない」といったウェットな感情が入り込む余地はありません。


知り合いのベンチャー企業の社長は新人採用の際、意識して**長子**を採ることにしているそうです。彼曰く「やっぱり、**長子**は文句を言わず働くし、責任感があるので任せられる」とのこと。

「確かに大企業なら、**末子**タイプのほうがみんなからも好かれて出世するかもしれない。おもしろい奴だなと思う候補者もいる。けど、ウチぐらいの規模だとやっぱりゴリゴリ働いてもらわないと」と、常に会社全体のことを考える彼もまた、**長子**なのでした。

いわゆる「意識の高い」学生が就職先に求めるのは、「成長できる環境」「早くからの権限」といった長子的なキーワード。

長子は、自分がやるべきだと思っている
末子は、誰かがやってくれると思っている
中間子は、誰かがやるべきだと思っている
一人っ子は、自分のことだけやりたいと思っている

他人に任せられない長子、任せすぎる末子

チームで仕事をしているとき、**長子**たちがいつも考えているのは「自分がやるべき」ということです。**他の人に任せられないし、なんでも自分でやりたがる。**その奥底には「はいはい、どうせ私がやればいいんでしょう。しょうがないなあ」という、自己犠牲的なナルシシズムもあります。

しかし、やる気と責任感が行き過ぎると「自分でやったほうが早い」とばかりに他人の仕事まで抱え込み、チームとして機能しなくなります。

また、なかなか後進が育たず、長い目で見ると自分の首を絞めることにも。多少のミスには目をつぶり、周囲に仕事を任せる度量も身につけるべきでしょう。

いっぽう、**末子**はチームで働く際、「誰かがやってくれる」と心から信じています。子どもの頃から両親や兄姉に何とかしてもらってきた**末子**は基本的に他力本願。大人になってからもその感覚は抜けず、「自分ではできないけれど、最終的にはきっと誰かが何とかしてくれるはず」という思いは、**末子**たちに共通する、もはや信念のよ

うなものです。

本当に大事なことは誰かが決めてくれるとして、自分は任されたところだけ要領よくこなそう……。これが**末子**の考えるチームワークです。ですから自分ひとりで抱え込むこともなく、周囲にバンバン仕事を振るのもお手のもの。上がってきた成果について褒め倒し、感謝するのも上手なので、結果的に人から好かれます。

ところが、責任を取る気がないことが透けて見えたり、同僚の仕事ぶりを「効率悪いな~」と冷ややかに眺めているのがばれたりすると、信頼はがた落ち。ときにはイニシアチブを取るフリを心がけたいものです。

器用すぎる中間子、不器用すぎる一人っ子

さて、自己陶酔しながらも仕切ろうと奮闘する**長子**と、要領よく責任を逃れようとする**末子**とのハーフである**中間子**。**末子**ほど逃げ腰なわけではないけれど、**長子**ほどリーダーシップがあるわけではありません。

逆に言うと、**そこそこ仕切りたいけど、そこそこ任せたい。**結果、「これは誰かがやるべきだ！（それは自分ではないけどね！）」という、謎の主張をするに至ります。

そもそも、小さいころから**長子**と**末子**の間を取り持ち、文字通り中間管理職的な役割が多かった彼ら。社会に出てからも、相手の心の機微をとらえて交渉したり、メンバーみんなの気持ちを調整したりするのはとても上手です。

フィクサーとして、水面下で策をめぐらせるのは得意ですが、やり過ぎると「腹黒い」「何を考えているかわからない」などと評価を下げることも。ときには黒子としての役割をかなぐり捨て、自分の意見を主張することも、周囲からの信頼を得るためには必要でしょう。

最後に**一人っ子**はというと、残念ながらそもそもチームワークに向いていません。会議を重ねみんなでやり取りしながら進めるよりも、**黙々と自分の仕事をこなしていたい**のが本音。ですから自由な立場を確保し、「あいつには好き勝手にやらせておこう」と思ってもらえればラッキーです。

ですが、現実にはそうもいかないことが多いでしょう。そんなときは自分の仕事・作業をさっさとつくってしまうのが得策です。

みんながやりたがらないような面倒なタスク、たとえば地道な調べ物や見積もりの精査といった作業を、早々に「私、やりますよ！」と立候補するのです。その際「人に合わせるのが面倒だから」とか「自分のペースでやりたいから」という本音はなるべく隠し、「チームのために貢献します」という雰囲気を演出することが重要です。

結局、**チームで動くということは、自分の思うとおりに行動するのではなく、ふだん自分がやらないようなことに挑戦してみるということ。**でなければ、個人の寄せ集めにしかなりません。

野球選手やサッカー選手が試合後のインタビューで徹頭徹尾「個人の記録よりも、チームの勝利に貢献できてよかった」と話すのは、たとえウソでもそういう演技をすることが、チームで動く以上、何よりも大切とわかっているからなのです。

長子は「どうせ最後は自分がやる」と思っているので、チームで仕事をするときも指示があいまい。周囲のメンバーによるフォローが欠かせない。

長子は、嫌われても言うべきことは言う
末子は、おいしいところを持っていく
中間子は、場の空気を優先する
一人っ子は、全然違う話をする

正義をふりかざす長子、ずる賢く立ち回る末子

末子の友人が、ある時、こうこぼしてきました。

「**長子**の人たちって、なんか知らないけど必ず打ち合わせに同行したがるよね？　担当者だけで済むような会議でも、絶対に『いつ？　オレも行くよ』って。自分だったら面倒くさいから、全部任せちゃうけどね」

長子はリーダーとしての威厳や意欲に満ちあふれている反面、人に任せるのが苦手な傾向があります。**自分があずかり知らぬところで物事が進むのを嫌い、何かにつけては報告や相談を求めます。**

さらには、打ち合わせや会議の席に出席するだけでなく、進んで汚れ役を買って出ます。少しでも問題を見つけたら「耳が痛いことを言うようだけど」と正論をふりかざすその様はまるで、正義の味方が悪を正すかのようです。

要領よく雰囲気よく仕事を進めることを第一にする**末子**からすると、そうした**長子**

たちのやり方は、不穏なものに映ります。

上司にガンガン反対意見をぶつける**長子**に対し、**末子**は「私、書記をやりますね」と一歩引いた姿勢を崩しません。そして会議が終わりかけるころ、「こういうことですよね？」とうまくまとめる。なんとなく、**末子**自身がいいことを言った空気で会議を締めます。

末子は子どもの頃から兄や姉のしくじりを反面教師にするトレーニングを積んでいます。たとえば、母親に「宿題やらないとおやつあげないよ！」と叱られる兄を見て、「ふむ、なるほど」と膝を打ち、自分は叱られる前にサッと宿題を終わらせる……。「えらいわね～」と褒められ、いち早くおやつにありつける優越感に、すっかり味を占めているのです。

だからこそ、**仕事の場面でもいいとも簡単においしいところをさらっていくし、そのことにまったく抵抗がありません**（もちろんそれは**長子**からすれば、実にこざかしい行為であり不機嫌の原因となります）。

曖昧にまとめたい中間子、会議をかき乱す一人っ子

さて**中間子**は「場の空気」をとことん重視。**発案者のメンツを立てながら反対意見にも耳を傾け、双方のプライドを傷つけないほどほどの着地点を目指す。**結論が出たような出ないような曖昧とした状態で「じゃあ、今日はこのあたりで」と会議を終わらせる。話は進まないけれど、その代わり誰も傷つかずに済む、典型的な日本の会議の立役者は、**中間子**たちなのです。

しかし、会議のメンバーに**一人っ子**が加わると予想もつかない展開が待っています。「全然違うかもしれないんですが」「ジャストアイディアなんですけど」と前置きしながら、本当に違う話や、どうしようもない思い付きを話し始める。参加者全員が思わず「おいっ」と突っ込みたくなるような発言を繰り出すのが**一人っ子**です。

それも、会議の序盤ならまだしも終盤に差し掛かった頃に、空気を読まない発言が飛び出す（なぜなら、あまり人の話を聞いてないから）。会議をまとめたい**中間子**からすれば、実に厄介な存在ですが、そのことで議論が有意義な方向に向かうこともあります。

たとえば社内会議で、部長が「残業を減らしてもらわないと、これ以上残業代を払えない」と言い出したとします。

長子は「でも、そのためには残業を減らす方法を考えないと」とかみつき、**末子**は「確かに〜」とその場しのぎのあいづちを打つ。**中間子**が「一朝一夕には難しいですよね。ま、まずは各自で気をつけるということで」と曖昧な結論に着地させようとした瞬間、「あの〜、ちょっと話がずれちゃうかもしれないんですが、育休制度の改善はまだ進まないんですか？」と言い出すのが**一人っ子**です。すると**長子**が「そうですよ、そういった大きな視点で働きやすさを考えてもらわないと」と、息を吹き返して部長を責め立てる……。

まるでコントのようですが、それぞれが自分なりのスタイルで真剣に会議に参加していることは間違いないのです。

「全然違うかもしれないんですが……」「ジャストアイデアですが……」「そもそもで言うと……」が一人っ子的“会議ひっかき回しワード”ベスト3。

長子は、「自分が悪かった」と反省する
末子は、「自分のせいじゃない」と開き直る
中間子は、「なんで自分だけ」といじける
一人っ子は、「……!」とパニックになる

納得して反省する長子、やり過ごそうとする末子

職場で上司や先輩に注意されたり、叱られたりしたとき、「申し訳ありませんでした」と〝反省〟の見本のようなリアクションを見せるのは、もちろん**長子**です。

子どもの頃から、きょうだいのまとめ役としての任務を誠実にこなし、親の信頼を勝ち取ってきた**長子**は、社会に出てからも責任を持って仕事にあたります。

そのため**もし自分に非があることが納得できれば、きちんと反省することができます。**もちろん彼らも聖人君子ではないので、反省したそばから周囲の人や下の人間を叱りつけることもしばしばですが。

いっぽう**末子**は、叱られてもろくに反省しません。

一応、表面的には「すみません」と口にはするものの、それは「まあ、謝っておこう」ぐらいのリアクション。内心では「もっと早く言ってくれればいいのに」など、責任逃れの理屈が次々と浮かんできます。

そもそも、**末子**とは家庭内で甘やかされるのと同時に軽く扱われてきた存在。親に

とっても兄姉にとっても、下の子は「いつまでも幼くて小さい赤ちゃん」「一人前の事を要求しても仕方がないみそっかす」なわけです。

叱ってきたお母さんやけんかを吹っかけてきた兄姉が、しばらく経つと何もなかったように優しくしてくれる経験を重ねているため、大人になってからも、「またまた～」と、本気で反省しようとはしないのです。

怒り狂う上司を前にしても「こわっ！」と思いはするものの、反省はしない。**しばらくやり過ごせば、なんとかなるだろう（あるいは、誰かがなんとかしてくれるだろう）と、高をくくっている**のが**末子**という生き物です。

むくれる中間子、音信不通になる一人っ子

中間子は叱られると、「なんで自分だけが……」と不満をくすぶらせます。

中間子の心理の特徴の一つに「いつも自分だけ割を食っている気がする」というものがあります。

職場でも自分と他人とを比べずにはいられない**中間子**にとって、**何を叱られたかは大した問題ではなく、自分だけが叱られたか、それともみんな平等に叱られたかが問**

題。みんなの前で自分だけが叱られようものなら、失敗の重大さを反省するよりも先に、恥ずかしくて逃げ出したい気持ちになります。

叱る側からすると、「いやいや他人のことはいいから、目の前のミスについて考えてくれ」と言いたくなるでしょうが、もはやこれは**中間子**の本能のようなもの。

逆に、「同期のあいつに比べておくれを取ってるぞ」などと、ハッパをかけられると、シャキッと立ち直り、誰よりも熱心に仕事に取り組みます。

さて、**一人っ子**が叱られた時の心理は、さらに複雑です。

そもそも**一人っ子**は、家庭においても叱られ慣れていません。親から愛情をたっぷり注がれ、親戚一同の注目を一身に受け、きょうだいゲンカも経験せず、「弟妹の面倒を見ない」と叱られもせず、多少のミスは大目に見られ、と、およそネガティブな感情に対して免疫がなく育ちます。要は、「人慣れ」が足りないということ。

そのため社会に出てからも、人とトラブルになることを避けようとします。**叱られたり、怒られたり、声を荒げられると、どうすればいいかわからずパニックに陥ってしまう**からです。

とにかく事を荒立てまいとするところは、**末子**と似ていますが、残念ながら**末子**のように表面的に謝っておくというテクニックが未熟。

そのため、職場でミスを指摘され叱られると、ビックリして押し黙ってしまいます。どうすればいいかわからず、泣いてその場を逃げ出してしまうことも。

「謝ってくれれば、それでいい」という程度のちょっとしたミスや、いくらでも挽回できるようなトラブルが、無断欠勤や、突然の音信不通にまで発展しかねないのです。

ささいな人間関係にとらわれず、周囲の目などどこ吹く風の**一人っ子**。だからこそ、面と向かって叱られるというシーンは、最も避けたい彼らの弱点と言えるかもしれません。

俗に言う「打たれ弱い」「打たれ強い」という資質も、結局は「慣れ」の問題。幼少期にきょうだいゲンカを経験していない一人っ子はその点不利。

長子は、「私なんてまだまだ」と**謙遜する**
末子は、「自分はすごい」と**増長する**
中間子は、「裏があるのでは」と**深読みする**
一人っ子は、「……！」と**動揺する**

挙動不審になる一人っ子と中間子

前項で、**一人っ子**はネガティブな感情に免疫がないのでパニックになる、という話をしましたが、では、ポジティブな感情に対してはどうでしょうか？

一人っ子の多くは人から褒められると挙動不審になります。親から褒められ慣れているはずなのになぜ？　と、思うかもしれませんが、これも結局は、**人との感情のやり取りに慣れていない**ということに帰結します。

一人っ子は親から褒められても、とりたてて気の利いたリアクションする必要はありません。なぜなら、常に100％の注意を向けられている存在なので、ちょっとうれしそうな顔をすれば「喜んでいるのね」と理解してもらえたからです（同様に、ちょっと悲しそうな顔、ちょっとお腹が空いた顔をすれば、すぐに対応してもらえました）。褒められたら褒められっぱなし、それでよかったわけです。

ですから、大人になってから職場で「そのスーツ、似合うね」とか、「この前のプレゼン良かったよ」などと軽く声をかけられたときに、どう返すのが正解なのか、**一人っ子**には見当もつかないのです。

褒めた側からすると、ちょっとした挨拶や社交辞令だったのかもしれません。ところが**一人っ子**には、その辺の微妙なニュアンスがわからない。わかったとしても、どのように返せばいいかを知らない、慣れていない。結果として、「あ、え、ども……」「大したこと○×※□……!」と口ごもってしまいます。

同じ挙動不審でも、とっさのリアクションができない**一人っ子**に対し、どこまでもうがった見方をした結果、おかしな態度になってしまうのが**中間子**です。

褒められたくてたまらないのに、思うように褒めてもらえないという不完全燃焼感を幼いころから味わってきたせいか、大人になってから褒められても「何か裏があるのでは……」と深読みしてしまうのです。

中間子は人間関係のエキスパートなので、人のいい面も悪い面もよく観察しています。「言葉巧みに褒めたたえ、いいように利用しようとしている人」「心にもない言葉で持ち上げるだけ持ち上げておいて、じつはバカにしている人」といった、悪意の第三者が存在することも当然気づいていますから、自分がそのターゲットにされたのではないかと、疑心暗鬼に陥ります。

その結果、「誰にでもそんなこと言ってるんじゃないですか?」「やめてくださいよ、褒められるの苦手なんです」などと、実にこじれた返答をしてしまうことに。**考えすぎとわかっていても、素直になれない**のが**中間子**が抱える悩みです。

不遜に謙遜する長子、どこまでも増長する末子

さて**長子**は褒められると「いえいえ、私なんてまだまだ」と謙遜します。ただし、この謙遜には2つの感情が隠されています。

ひとつは「褒められたら謙遜すべきである」というルールを守る気持ち。浮かれるのは軽薄でかっこ悪い行いだからです。もうひとつは「褒めていただけるのはうれしいですが、正直自分ではもっとできるはずだと思っています」といった、**謙遜を通り越した、不遜なまでの自信**です。さすがは**長子**。

と、こうしてみると、褒める方として最も褒め甲斐があるのは**末子**です。「ありがとうございます!」「そうなんですよー。すごいでしょ?」と、素直に(過剰に)喜びの感情を表現し、褒めた側もいい気分にさせてくれます。

末子は子どものころからスキさえあれば親の気を惹き、褒められポジションを獲得。そうすることでなんとか兄姉と対抗できるだけの政治力を獲得してきた歴史があります。**褒め上手の褒められ上手。**権力のある人におもねり、寵愛を受けるためのテクニックに関しては、ほかのきょうだい型と比べて一日の長があるのです。

しかしながら、褒めた効果が誰よりも早く薄れるのも**末子**です。**長子**であれば、「勝って兜《かぶと》の緒を締めよう」とますます仕事に励みますが、**末子**の場合は「勝ったら早く兜を脱ごう」が信条。「だって、兜重かったし、もういいよね？　飲みに行っちゃう？」とばかりに手を抜き始めることでしょう。

「褒められて伸びるタイプです」という〝ゆとり発言〟を真に受けて、せっせと褒めても案外伸びないのが残念なところ。それは単に「叱らないでほしい」と言っているに過ぎないのですから。

褒めれば増長するし、叱れば開き直る、どうにも困った**末子**たち。表面的には明るく楽しい社交的な彼らですが、意外と一番コントロールしにくいがんこな相手かもしれません。

一人っ子も中間子も、リアクションがこなれていない点は同じ。「不慣れな挙動不審」が一人っ子で、「考えすぎの挙動不審」が中間子。

15

酒グセ

長子は、説教する
末子は、無礼講になる
中間子は、荒れる
一人っ子は、一対一で話し込む

ボス気取りの長子、アイドル気取りの末子

これまで見てきたように、子どもの頃から培われたキャラクターは日常生活のあちこちに顔を出します。しかし多くの場合は、大人になるまでに身につけたマナーや、社会的な役割といった〝鎧《よろい》〟に覆われ、本来のキャラクターがむき出しになることは少ないものです。

しかし何かをきっかけに、歯止めが利かなくなり、持ち前の行動パターンが過剰に表れてしまうことも。**大人数の飲み会はそうした〝キャラクターのダダ漏れ〟を引き起こす**原因のひとつです。

酒が入ると誰彼構わず、しきりに説教をしたがるのは**長子**たちです。

もともと、おせっかいでボス風を吹かせたい彼らのことですから「だいたいお前はさ、もっとこうやったほうがいいんだよ」「もっと会社全体のことを考えろ」と頼まれてもいないのにアドバイスを始めます。

ただし、相手が先に酔ってしまうと放っておけず、かいがいしく介抱を始める親切

な面もあります。**古き良き日本企業で繰り広げられた〝飲みニケーション〟を地でいく**のが、**長子**の飲み方です。

いっぽう、**末子**は酔っ払った誰かを介抱するどころか、自分が積極的に酔うことで場を盛り上げようとします。「今日は無礼講でいこう！」という上司の言葉を誰よりも真に受け大はしゃぎします。だれかれ構わず話しかけ、「乾杯〜！」と盛り上げる。ムードメーカーとしてはりきる反面、失言も多く「いくら無礼講といっても、限度があるだろう」と、周囲を苦笑いさせることもしばしば。

ある**末子**女性は「どうせ飲むなら、楽しいほうがいいじゃないですか。結局、盛り上げるのが自分にとっていちばんラクな役割なんだと思います」と自らを分析します。「家庭ではとくに意識的に〝**末子**というアイドル〟を演じてきましたね。実際、16歳までお父さんの膝の上に乗ってましたし」と語る彼女。いまや立派な大人ですが、実家に帰ると進んで〝いじられ役〟を担当しているのだとか。

ノリを重んじ、シリアスな空気をひたすら嫌う**末子**にとって、**お酒の席でぱーっと騒ぐのは、天職**なのかもしれません。

ストレスを爆発させる中間子、距離を詰める一人っ子

さて、**中間子**のお酒は少々荒れがちです。

小さいころから気遣いの人であり、職場では頼れる調整役である彼ら。そのいっぽうで、人からわかりやすく評価されたいという気持ちも強く、その**ジレンマ・ストレスが、一気に爆発してしまうのが飲み会**というわけです。

「盛り上げなくてはいけない」「でもあの人には、ひとこと言っておきたい」「でも嫌われたくない」など考えは千々に乱れ、知らず知らず飲みすぎてしまい抑制が効かなくなります。

「だいたい、あんたはさ〜!」と絡んでいっては日頃のうっぷんを晴らすことに。もちろん、翌日には頭を抱えて大後悔です。

では、**一人っ子**のお酒はどうでしょうか。**一人っ子**はもともと、大勢の集まりが得意ではありません。そのため、職場の飲み会でも、近くに座った人と深く話し込むなど少人数でのコミュニケーションを好みます。

最も得意なのは一対一での〝サシ飲み〟。**普段は人との距離が遠いくせに、お酒が入って1対1の関係になった途端に、ベッタリと親密になる。**その距離感のおかしさ、振れ幅の大きさも**一人っ子**の特徴です。

いったん仲良くなると、同性・異性を問わず急速に距離を縮めようとし、相手を驚かせることもしばしば。ある女性（**一人っ子**）は酔うと、誰彼構わずハグするのだとか。当然ながら、男性に勘違いさせることもたくさんあり、つきまとわれる、彼氏に叱られるなどのトラブルも絶えません。

見かねた友人が「誤解される行動は慎んだほうがいいよ」と助言したところ、「どうして?」とキョトンとした表情。「ただハグしてるだけで、男性にも女性にも同じようにしているんだけどな。誤解するほうが変じゃない?」と屈託がないのです。

人づきあいへの意識が希薄な分、酒の席で失敗しても翌日にはケロッとしていられるタフさもまた、**一人っ子**の強みかもしれません。

飲みの席でやおら職場批判を始めるのも長子のクセ。辛気くさい話を聞いていられない末子は、あからさまに話題を変えようとしがち。

長子は、頼られたい
末子は、甘えたい
中間子は、八方美人
一人っ子は、一方美人

おせっかいな長子、パシリ体質な末子

ひと口に友達と言っても、〝たまに会うぐらいの関係〟から〝なんでも話し合える親友〟までさまざまですが、そうした友達づき合いの作法にも、きょうだい型によって違いが出てきます。

子どものころからリーダーの役割が習い性となっている**長子**は、**とにかく頼られるのが大好き。**

もちろん本人たちに聞くと、「いや別に頼ってほしいなんて思っていない」「他にやってくれる人がいるならぜひお願いしたい」などとうそぶきますが、いざ、「お願い」と頼られると「ったくもう、しょうがないな〜」と腕まくりしてやってくれます。

ですから**長子**相手に「こんな頼みごとをしたら、迷惑かな……」という遠慮は禁物。むしろ下手に彼ら抜きで話を進めると「どうして教えてくれなかったんだ」「聞いてない」「ないがしろにされた」と、怒りだしかねません。

長子との友だちづき合いは、遠慮してもどうせちょっかいを出されるのですから、

最初から積極的に巻き込んで、どんどん頼るのがいいでしょう。

いっぽう、「頼られたい」なんて毛ほども思わないのが**末子**という生き物。

たとえば友達同士で旅行の話をしているときも、「みんなで行きたいね」「温泉もよさそう」と話を盛り上げることはあっても、決して話を進めようとはしません。それどころか、「わたし、旅行の計画立てるの苦手なんだよね」「運転できないからな〜」などと、早々に開き直ります。

そうこうするうちに**長子**が「知り合いが旅行代理店にいるんだけど、聞いてみようか」などと仕切り出したら、ここぞとばかりに「ほんと？　お願い！」と丸投げ。

ただし、「代わりにパンフレットだけ集めてきてくれる？」などと簡単な頼まれ事は快く引き受けます。**〝言ってくれればやる〞〝言われなければやらない〞がモットーの指示待ち人間**として、効率よくみんなのために役立とうとします。

また、**末子**は「絶対に温泉がいい」「高級旅館じゃないなら泊まりたくない」などと強固に主張することもありません。どこまでもユルく楽しく「みんながいいなら、いいんじゃない？」と合わせられるのが**末子**の強みです。

「みんな」が主体の中間子、「自分」が主体の一人っ子

では、**中間子**はどうでしょうか。**中間子**が友達づき合いで気にするのは**「みんながどう思っているか」**です。

前述のような旅行の企画でも、Aちゃんの意見を取り入れたら、Bちゃんがおもしろくないと思うのではないか……、Bちゃんの意見に従うとCちゃんの要望は通らなくなるし……と周囲の顔色をうかがうのに必死。

周囲の意向を気にしすぎて一人相撲をすることも多く、「旅館はちょっとイヤかな」という誰かのひとことを気にし、無理をしてすべてホテルにしたけれど、そもそも本人はそこまで望んでいなかった、なんてことは日常茶飯事です。

うまくいけばみんなから好かれる人気者になりますが、裏目に出ると「誰にでもいい顔をして信用できない」「八方美人だ」などと言われてしまうリスクもはらんでいます。

あふれる気遣いが暴走する**中間子**に対し、友だちづき合いにおいても気持ちいいほ

どに我が道を行けるのが**一人っ子**です。

子どものころから家庭では実に多くの時間を大人（両親）と過ごしてきたため、変に成熟したところのある**一人っ子**は、**孤独に慣れています。**「友達は多ければ多いほうがいい」「友達がいないのはさみしい人間」といった〝友達幻想〟にもとらわれていません。

友達から遊びに誘われた時、「行かないとまずいかな」と悩む**中間子**に対し、「あ、無理」と断れるのが**一人っ子**。しかもその際「だって気乗りしないから」という不要なひとことを素直に付け加えたりするので、「変わってる」「マイペース」などと後ろ指を指されることに。

裏を返せば、数少ない友人にきちんと時間とエネルギーを割けるのが、**一人っ子**の特徴でもあります。

頼られて当然なのが長子の気質。あるママ友会では、持ち回りで幹事をするはずが、結局長子ママ二人が交代で仕切っているのだとか。

長子は、人のためにお金を使いたい
末子は、人のお金を使いたい
中間子は、お金にシビア
一人っ子は、お金に無頓着

示威行為としておごる長子、タダ飯にありつく末子

これまで**長子**とつき合うことが多かった、と語る女性（**中間子**）の話です。

「**長子**って気前がいいというか、お金にルーズというか、やたらおごりたがるんです。つき合う前はそういうところが男らしくてかっこいいなと思ってたんですけど、私にだけじゃなくて他のみんなにもそうで……。すぐにお金がなくなっちゃって、この金銭感覚にはついていけないな、と」

その後、**末子**とつき合ってみたところ、「**長子**と違って、『今日、俺、カネないよ』と素直に言えちゃうところが新鮮でした。でもさすがに、ちょっと頼りなさすぎて……」。結局、うまくいかなくなり、自然消滅したと苦笑いしていました。

地獄の沙汰も金次第。金の切れ目が縁の切れ目。お金の使い方には、その人の生き方がハッキリと表れます。

長子（特に男性）は、おごるのが大好きです。

子どもの頃から弟妹たちに「ここはお兄ちゃんに任せておけ」と兄貴風を吹かせて

きた名残りでしょうか。しかも、そっと会計を済ませるようなスマートさはなく、露骨におごろうとするし、あからさまに感謝を要求します。

隣の席まで聞こえそうな大声で「年下の奴に払わせるわけにいかないだろう」と言ってみたり、「いいのよ！　ここは払わせて!!」とレジ前で押し問答をしてみたり……。**長子**にとって、**他人の分までお金を払うのは相手を支配下に置くことであり、いわば示威行為**なのです。

だから逆に、「おごられる＝借りをつくること」と思い込んでいるケースも多く、かたくなに割り勘を主張。仮におごられても、すぐさまおごり返そうとする傾向も見られます。

「おごり・おごられ関係」「貸し・借り関係」に思い入れが強い**長子**に対し、**末子**は実にさっぱりしたものです。**損得勘定に聡い彼らは、おごってもらうのが大好物。**長子のように「借りをつくってしまった」とは考えず、「タダ飯、タダ酒、ラッキー！」で終わりです。

子どものころから、**末子**にとって誰かが何かを与えてくれるのはごく当たり前の日常。大人になってからも、「そんなの悪いですよ」と断ったりはしません。下手に遠慮するより、「わーい、ごちそうさまでーす」と喜んだほうが、結局のところ、みんなが喜ぶと知っている（あるいは、いくつになってもそう思い込んでいる）からです。

堅実さと大胆さを併せ持つ中間子、ひたすらゆるい一人っ子

一方、**中間子**は基本的に、お金にシビアで堅実。

そもそも**長子**や**末子**に比べると、親の経済力をアテにしない傾向があります。独立心も旺盛なため、お金を適当に扱わないのです。**おごるべきときにはおごるし、締めるときは締める。**

ところが、何かの拍子にとんでもない暴挙に出るのも**中間子**です。コツコツ貯めてきたはずの貯金を全額はたいてアンティークの家具を買ったり、「フランスに留学して、パティシエになる！」と言い出してみたり……。

普段の勤勉さからは想像もつかないような一攫千金狙いの〝投資〟に周囲は唖然としますが、本人は「私には私の考えがあるんですよ。ふっふっふ」と内心ほくそ笑んでいます。

一人っ子はというと、ほかのきょうだい型の誰よりもお金には無頓着。**〝あれば使うし、なければ使わない〟**と、おおらかでこだわりがありません。

というのも、子どものころから、一つ残ったコロッケをめぐってきょうだいゲンカをしたこともなければ、「兄が何浪もしているから、弟である僕は大学に行けないかもしれない」という危機にさらされたこともありません。

逆に言うと、世の**長子**たちがしばしば口にする「弟のために学費を残さなくちゃいけないから、留年はできません」という毅然とした責任感もゼロ。

きょうだいという家庭内ライバルがいないことで、親の愛情も経済力もすべて独り占めできる豊かな環境で育った**一人っ子**は、まさに貴族。〝金持ちケンカせず〟マインドの持ち主というわけです。

ある末子女性は、「世の中でいちばんおいしいお酒はタダ酒」がモットー。「今月はピンチで……」とちゃっかりSOSを出すのもお手のもの。

18

恋愛

長子は、恋人には意外と甘える
末子は、恋人には意外とそっけない
中間子は、恋人には意外とわがまま
一人っ子は、恋人には意外と尽くす

ツンデレ長子、デレツン末子

家庭や職場であれば理性も働き、その人の本性は抑えられます。リラックスした友だちづきあいでも、ある程度は遠慮が働きます。ところが、こと恋愛となるとそうはいきません。

「ふだんとは違う自分も見せたい」「好きならきっと許してくれるはず」と、他の誰にも見せない性癖が露わになるのが恋愛関係。いわば、その人のきょうだい型の意外な一面が垣間見えるというわけです。

ある女性（**末子**）は、自分の兄（**長子**）の恋愛についてこう語ります。

「家ではいつも偉そうにしているし、職場でも優等生。なのに、恋人と電話しているときは別人みたいに甘えるんです。『ねえねえ〜』なんてフニャフニャ声でデレデレしているのを聞くと、ホント、気持ち悪くて」

長子の性《さが》として、「人前では〝きちんとした人〟として振る舞いたい」という思いがあります。しかし彼らも人間ですから、たまには人に甘えたい。恋人からは全肯定されたい。ところが、**いかんせん慣れないもので、甘えるのが下手**なのです。

二人っきりになった瞬間ベタベタしたり、どこまで受け入れてもらえるか試すように、ひどいことを言いつのったり。束縛する、無茶な要求をする、罵る、依存する……。どれも、甘え下手の**長子**が過剰に甘えようとした結果です。


いっぽう、〝ナチュラルボーン甘えん坊〟である**末子**はむしろ、恋人に対しては不思議とクールです。

もちろん甘えることはありますが、それは**長子**のような〝ダダ漏れの甘え〟ではなく恋人気分を盛り上げたり、相手の愛情を引き出したり、何かをねだったり……という確信犯の手口。プロ彼氏・プロ彼女に向いている性格とも言えるでしょう。

つき合うまでは甘えスキルを存分に活かして恋愛を盛り上げますが、**つき合った途端、連絡をしなくなったり、無愛想になったりする**のも**末子**の特徴。

「みんなにいい顔していると疲れるから、たまには〝素〟でいさせてよ」という理屈なわけですが、恋人からすると飼い犬に手をかまれたような気持ちになるでしょう。

あんなに可愛くしっぽを振っていた子犬がいきなりツンと冷たくなるわけですから、

それはショックです。

「連絡しなくても好きでいてくれるだろう」『帰って』と言っても、許してくれるはず」という信頼感のあらわれでもあるのですが、まあ、ひどい話です。

恋人を振り回しまくる中間子、尽くしまくる一人っ子

では、**中間子**はどうでしょうか。濃い人間関係が好きで、愛され欲求も強い**中間子**。恋愛好きの恋愛体質だからか、**恋人ができるとここぞとばかりにワガママを言い始めます。**

「仕事と俺、どっちが大事なの？」「ねえ、あの子と私、どっちの味方？」などの禁句を発するのにもためらいがありませんし、愛情を試すような言動もしょっちゅう。

普段、周囲に振り回されている反動で、恋人を振り回しまくるので、相性のいい相手と巡り会えば、情熱的な恋愛に発展するでしょうが、「つきあいきれない……」と別れを切り出されるリスクも。頭でわかっていたとしても、どうにも止められないのが**中間子**の恋の病です。

もちろん**一人っ子**にも、恋人を前にすると思わぬ一面が現れます。「人づき合いって面倒」とばかりに冷たくあしらうのかと思いきや、むしろ**かいがいしく尽くす**のです。まめにご飯をつくったり、足しげく送り迎えをしたり。

マンツーマンの人間関係が好きな**一人っ子**は必然的に恋人とべったりになりやすい性質。ある女性（**一人っ子**）によると「子どものころから誰かの世話を焼いてみたいとずっと思っていた」のだとか。

「いつもとは違う一面を見せてみたい」というおもしろ半分の思いからスタートしても、いつしか引き返せなくなるのが、恋の病の怖ろしいところであり、同時に、たまらない醍醐味でもあります。

中間子同士が恋愛をすると、お互いがお互いを振り回すので大変。高度な駆け引きの応酬で消耗戦になることも。

19

結婚観

長子は、価値観が合う人と結婚する
末子は、気が合う人と結婚する
中間子は、自分を好きな人と結婚する
一人っ子は、自分が好きな人と結婚する

「正しさ」重視の長子、「楽しさ」重視の末子

結婚は、仕事のつき合いとも、友だちづき合いとも、そして言うまでもなく恋愛関係とも違う、極めてユニークな人間関係です。

恋愛の延長のような、「家」という会社の共同経営者のような。結婚相手選びにも、もちろんきょうだい型による違いが見えてきます。

長子が結婚で重視するのは「価値観」。ここでいう「価値観」には金銭感覚や仕事観、どこに住むか、どのように子育てをするか、といった生き方すべてが含まれます。結婚を真面目にとらえる彼らは、パートナーに「価値観が同じであること」を求め、**世間から認められるような「正しい」家庭を築きたい**と願っています。

その際大事になるのが、親からの評価。どんなに好きな相手でも、親から「本当にあの人で大丈夫?」「賛成できない」などと言われてしまうと、**長子**たちはとたんに揺らぎ始めます。

さらに「親の面倒を見るのは最終的に自分」と腹をくくっている**長子**たちは、結婚

相手にも当然のようにそれを求めます。冗談でも「二世帯住宅とか無理」などと交際相手に言われたら、「この人とは結婚できない」と勝手に結論づけてしまうかたくなさが、**長子**にはあります。

いっぽう**末子**は価値観などという七面倒なものよりも、フィーリングを大事にします。

結婚を決めたきっかけを聞かれ、**末子**たちが「やっぱりお酒を飲める人がいいかなと思って」「一緒にいてラクだから」と答えるのは照れ隠しでも何でもなく、本気でそう思っているから。「家を守る」だとか「両親を安心させる」といった結婚のシリアスな部分は見て見ぬふり。**末子**にとって結婚は、**好きな相手と楽しく過ごすことの延長にすぎない**のです。

愛されたい中間子、愛したい一人っ子

中間子が切望するのは、自分のことを心底認めてくれるソウルメイト。全肯定されたい、世界でいちばん好きだと言われたい。

一心に愛情を傾けてくれる相手であれば、自分が相手を好きかどうかは重要ではありません。「好き！」と猛プッシュされれば好きになってしまうし、「結婚してほしい」と熱烈に望まれるとほだされてしまう、そんな人間味あふれる結婚をするのが、**中間子**の特徴です。

強く求められると弱い**中間子**と対照的なのが**一人っ子**。親の愛情をふんだんに受け、自己肯定感も強い**一人っ子**は「相手が自分を好きかどうか」には、あまり興味がありません。また周囲の評価も関係なし。**一人っ子**にとって重要なのはただ、**「自分が好きかどうか」**だけです。

友達が「あの人と結婚するの……？」と難色を示すような相手でも思い込んだら一直線。借金を抱えていようが、妻がいようが気にせず突き進みます。熱しやすく冷めやすいので、大騒ぎして駆け落ちし周囲をさんざん振り回した割に、数年であっさり離婚してしまうのも**一人っ子**によくある光景。

ちなみに**一人っ子**も**長子**同様、親との距離が近いので、親が認める相手と結婚しようという意識はありません。

ですがたいていの場合、**一人っ子**の親は子どもの選択を尊重するので、ＯＫを出すことが多いようです。なぜなら親にとっては、結婚をして孫を見せてくれる候補者はただ一人しかいないから、文句は言えない、というわけ。

そういう意味でも**一人っ子**は誰からもブレーキをかけられずに、今日も思うがままに結婚への情熱を燃やし続けます。

長子は、職場の上司や親戚を招いてきちんと披露宴をしたがる。「面倒だからハワイで挙式」などと言い出すのは、たいてい末子。

長子は、すぐケンカする
末子は、うやむやにする
中間子は、よく話し合う
一人っ子は、すぐ家出する

クレーマー体質の長子、「ま、いっか」の末子

愛を育み晴れて夫婦になったふたりも、結婚生活を送っていれば、当然、いろいろなことですれ違いやいさかいを経験します。

夫婦ゲンカになったとき、**長子**はためらいなく自らの権利を主張します。子どもの頃からボスとして振る舞ってきた**長子**たちは、大人になってからも無意識のうちに「自分は優遇されて当然」と考えている節があります。

そのため、お店の人からでも、友達からでも、結婚相手からでも、**ぞんざいに扱われたらすぐにカチンときて、権利を主張。**クレーマーになることも辞しません。

たとえば共働きの夫婦がいたとします。家事や育児は半々に分担しようと取り決めたのに、気づけば妻の負担が多くなっている。多くの妻がそうしたモヤモヤを抱えるわけですが、妻が**長子**の場合はすぐに、「話が違う！」と怒り、夫の契約違反と責任感の欠如を責め上げるでしょう。夫からすれば実に手強い相手です。

長子が何かにつけて事を荒立てたがるのに対して、**末子**は徹底的にもめごとを避ける生き物です。

前述の家事分担問題にしても、**末子**の場合は内心ひどく腹を立てていたとしても、正面からぶつかることは好みません。**ガミガミ言ってもお互い不愉快になるだけなら、なんとかごまかして楽しく過ごしたい**のが**末子**スタイル。

もともと家庭内で兄や姉の理不尽に慣れている、生粋の〝黙って受け入れ〟体質ですから、多少イライラしても、好きな音楽を聞いたりおいしいものを食べたりすれば、そのうち気も紛れ、「ま、いっか」と思える能天気な性格です。

交渉上手な中間子、ケンカ下手な一人っ子

ケンカっ早い**長子**や、ひたすら平和維持に励む**末子**に対し、**中間子**は現実的な落としどころを探るべくしっかり話しあおうとします。

とにかく人と関わりたいのが**中間子**ですから、夫婦ゲンカでも、**話し合えばわかる、言いたいことを言い合えば解決すると信じています。**

誠心誠意パートナーに向き合おうとする姿勢は素晴らしいのですが、結論が出ない

ような話も、「どうしたいの？」「何が不満なの？」といちいち話し合おうとするので、「うるさい！」と相手からキレられることもしばしばです。

さて、**一人っ子**との夫婦ゲンカは一筋縄ではいきません。

ある女性（**中間子**）は、夫（**一人っ子**）にいつもイライラしてきたと言います。なぜなら彼が終始、「不満があってもムッと黙るだけで自分からは何も言わない」姿勢を崩さないから。結婚して10年以上になり、子どももいるにも関わらず、気に入らないことがあると言葉にせず、ただ不機嫌になる夫。

「言いたいことがあったら、ちゃんと言って欲しい」と伝えても一向に態度は改まらないので、あるときガマンの限界を迎えバチーンとひっぱたいたところ、夫は驚いてキョトンとしたそうです。そこでようやく、自分が〝ビンタされるほどひどい態度をとっていた〟と気づいたというわけ。

一人っ子は、子どものころから親が注意深く見守る中で育っています。彼も小さいころからちょっと顔をしかめるだけで「どうした？」「何かあった？」と気にかけてもらえてきたであろうことは想像に難くありません。

また、ケンカになりそうになるとプイッと出て行ってしまうのも、**一人っ子**的な行動。これも、**きょうだいゲンカの経験がないので、家庭の中で誰かと意見がぶつかったときにどう振る舞えばいいかわからず、混乱してその場から逃げ出してしまう**だけのことです。

「夫婦は価値観の違いが問題なのではなく、埋め方の違いが問題なのだ」とは、私がつくった格言ですが、相手のケンカスタイルさえ「そういうものだ」とわかっておけば、日々のストレスはかなり軽減されるはずです。

長子が夫婦ゲンカで繰り出しがちなのが「正論」。逃げ腰な相手を全力で叩き伏せようとするのは、結婚生活においては最悪手。

21

実家との関係

長子は、実家にちょくちょく顔を出す
末子は、実家にダラダラ居座る
中間子は、実家から距離を置く
一人っ子は、実家から結局離れられない

見えない鎖につながれる一人っ子、オトナの関係を築く長子

私の友人（**一人っ子**・男性）はあるとき、しみじみと「弟が妹がいればよかったのに」と嘆いていました。

40を過ぎてなお独身の彼は、親からの「結婚しないのか？」というプレッシャーにいまもさらされています。「特に名家というわけではないけれど、自分で家を途絶えさせるのが申し訳ない気持ちになるんだ」と語ります。

また、別の友人（**一人っ子**・女性）は25歳の時、**一人っ子**の男性と結婚。そのとき親同士が〝どちらの苗字を名乗るのか〟でモメにモメたのだとか。

「このままではウチの苗字が終わってしまう。だから婿養子をとれと言ったのに！」と彼女の親が怒れば、「それはこっちのセリフだ！」と夫の親も強硬な態度を示す。両家の関係修復には相当時間がかかったそうです。

他のきょうだい型に比べて、**一人っ子**の**親との関係は大人になってからも濃厚で濃密**です。親からの過干渉に反発し、距離をとろうとする**一人っ子**も少なくありません

が、スッパリ縁を切るほどドライにはなれないというのが実情。また、本人が自覚しないままに実家の常識に縛られるなど、見えない鎖につながれるように、親の影響下から逃れられないことも多いようです。

親の期待を一心に受けて育ったという意味では**長子**も同様ですが、他にきょうだいがいることで親の注目が分散されるせいか、**一人っ子**に比べると実家との関係はマイルドです。**親と対等に振る舞ってオトナ同士の関係を築こうとします。**

長子たちは大人になってからも頻繁に実家に顔を出します。その裏には「いずれ親の面倒は自分が見る」「弟や妹のお手本にならなければ」といった責任感が見え隠れします。スキあらば妹や弟たちに「お前たちもちょくちょく顔を出しなさい」と説教をしたがるのも彼らの特徴です。

パラダイスに居座る末子、さまよう中間子

末子にとって、実家は**居心地のいいパラダイス**です。

兄や姉が就職や結婚で実家を離れ、〝最後の子ども〟として親に面倒を見てもらっ

ている状態は、ラクなことこの上ありません。親は親で〝何歳になっても、子どもは子ども〟とばかりにせっせと世話を焼きたがります。

実家にいれば家賃もかかりませんし、「一人暮らしをするなんてムダ」とうそぶく彼ら。のうのうと実家に居座り、ぬけぬけと親のすねをかじりつづけられるのもまた、**末子**のたくましさです。

さて、**中間子**にとって、実家は少々居づらい場所です。

小さいころから、家とは**長子**や**末子**のためのステージでした。注目を集められず〝愛情のエアポケット〟にはまった**中間子**は他に自分の居場所を求める必要がありました。

ある**中間子**は「気づけば自分だけ、近くの祖父母の家に入り浸っていました」と幼少期を振り返ります。

大人になれば、実家の居心地の悪さはさらに強まります。たまに帰ってきては我がもの顔に振る舞う**長子**や、ぬくぬくとくつろぐ**末子**が目に入り、うらやましいような、いらだたしいような……。結局早々に独立して家を出て、そのまま実家から距離を置くという選択をする**中間子**は少なくありません。

長子や**末子**は地元で就職や結婚をしているのに対し、なぜか**中間子**だけ大学からずっと東京だったり、年に一度の家族で集まる日にも、**中間子**だけ海外旅行で欠席したりするのには、人知れぬ深い理由があるのです。

長子と末子が実家近くをウロウロするのに比べ、一人遠く離れて暮らすことの多い中間子。親も不思議とそれを容認しがち。

長子は、理想主義
末子は、現実主義
中間子は、博愛主義
一人っ子は、溺愛主義

しっかり導く長子、のんびり並走する末子

友人夫婦の話です。

彼らには娘が二人いるのですが、ある時、妻（**長子**）が下の娘にお下がりを着せていいものか悩んでいました。すると夫（**末子**）から「下の子なんて放っておいたって増長するんだから、お下がりを与えるぐらいでちょうどいいんだよ」と言われ驚いたそうです。

長子として育った彼女にしてみれば、上の子のお下がりをもらうなんて、屈辱的なこと。だから「かわいそう……」と悩んだわけですが、**末子**として育った夫は弟妹のずうずうしさも身を持って経験しているため、まったく違う見方を示したというわけです。

人は当然、自分自身の育てられ方を参考に子育てをします。逆に言えば、**自分が育てられたようにしか（あるいは反面教師にしてしか）、子を育てられない宿命にある**とも言えるでしょう。

長子が親になると、子どもの教育において理想を追い求めます。親にされたように、きちんと手をかけて育てたいと考える人が少なくないようです。

ある男性（**長子**）は子どもの頃、教師だった父親にそれはそれは厳しくしつけられたそうです。読書感想文ひとつとっても何度も書き直させられ、しかも消しゴムは禁止。スパルタ教育を通り越して、「それって虐待？」と目を丸くしてしまうほどなのですが、驚くことに「子どもができたら、自分も父親と同じように子どもの勉強を見てあげたい」と語るのです。

学校の成績がふるわなかったら評判のいい塾や通信教材を探し、足が遅かったらかけっこ教室に通わせる。**資源とエネルギーと時間を投入して、全力で子どもの能力を伸ばそうとする**のが**長子**の特徴です。

いっぽう**末子**は「本人がやりたいように」「健康がいちばん」と終始のんびり。子ども本人が通いたがる場合は別として、**親が率先して子どもを導こうとは思いません。**なぜなら自分がそうされなかったし、それが心地よかったから。

最初の子どもには厳しくしつけ、全力で導いた親も、**末子**を育てるころにはいい具合に力が抜けています。のびのびと放任で育てられた**末子**は、自分の子どもにも、同じように接します。

仮に子どもの勉強の出来が悪かったとしても、与えられた条件や環境に対する諦めの気持ちが備わっていますから、「まあ、しょうがないんじゃない？　他のところでがんばればいいよ」と早々に目の前の現実を受け入れるのです。

リベンジを誓う中間子、リバイバルを願う一人っ子

では、**中間子**はどうでしょう。親の愛を求めていた彼らにとって、子育ては挽回のチャンスです。多くの**中間子**たちが**「自分が欠落感を感じた分、どの子にも分け隔てなく愛情を注ぎたい」**と語ります。しかし、娘が二人いるという女性（**中間子**）からは「でも実際問題、もう一人生まれたら、次女のことはあまりケアできないかも……」という正直な声も聞こえます。理想と現実のはざまで悶々とするのも、**中間子**らしいと言えるでしょう。

十分すぎるほどの愛情を親から注がれてきた**一人っ子**はやはり、子育ても全力投球

です。育児書を読みふけり最新の育児メソッドを研究。しかし、**長子**のそれとはどうも様子が違います。

親として導きたいというスタンスの**長子**に対し、**一人っ子**女性たちは「娘が生まれたとき、これでようやく〝一人〟じゃなくなったと思えた」「一生裏切らない相手に出会えた」などと、親子を超えた濃密な情念を隠そうとしないのです。

思い入れが強すぎて、子どもにも人格があるということを忘れることもしばしば。自分にそっくりな〝もう一人の自分〟に育ててあげようとしたり、恋人のように接したり……。**濃密な親との関係を再現しようとする傾向が見られます。**

子育ての方針ひとつとっても、夫婦は同じきょうだい型のほうが波風立たず快適かもしれません。ですが冒頭のお下がりの例で見たように、多様な価値観で影響され合うほうが、長い目で見れば夫婦にとっても、子どもにとってもいいことなのではないでしょうか。

一人っ子は、自分の子どももまた一人っ子にしがち。「きょうだいが欲しかった」と口では言っても本心では一人っ子であることに満足している人がほとんど。

第3章

こうすればうまくいく！「きょうだい型」別つき合い方＆ひとことフレーズ

長子とのつき合い方

「親しき仲にも礼儀あり」を忘れずに。〃きちんと〃お礼を伝えましょう

長子の人づき合いを象徴するキーワードは**「親しき仲にも礼儀あり」**。親の期待を背負い、弟や妹を導くリーダーとして振る舞ってきた長子は、責任感も人一倍。**何事にも〃ちゃんとしたい〃**という思いが骨の髄までしみこんでいます。

同時に相手にも〃ちゃんとしてほしい〃という思いが強いのが特徴。**面倒見がよく、仕切りたがる反面、相手からのお礼がないと途端に態度が豹変。**「一体どういうことなのか」と問いただしたり、怒りを表明するケースが少なくありません。

1 「親しき仲にも礼儀あり」

面倒見がよく、仕切りたがる反面、相手からのお礼がないと途端に態度が豹変。

2 ルールや原則を守る

“ちゃんとしたい”という気持ちが強く、その適用範囲は飲み会からデートまで幅広い。

3 いじられるのは苦手

プライドが高いので「いじる＝親愛の表現」とは伝わらない。多少他人行儀だと感じるほど敬意を払うべき。

その背景には「他人に何かを頼み、お世話になったらしっかりお礼を言うべき」という〝常識〟〝正義〟があります。どんなに親しい間柄でも、なぁなぁにはしたくないわけです。

ルールや原則を重んじる傾向も見られ、その姿勢は友達同士の飲み会からデートまで幅広く適用されます。

さらに、**誇り高い長子はいじられるのが苦手。**周囲は親愛の情を示したつもりでも「バカにしてるの？」と不機嫌になりかねません。むしろ、長子に対しては、多少他人行儀だと感じるほど敬意を払ってつきあうほうが、仲良くなりやすいでしょう。

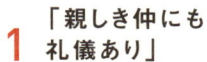

このひとことでうまくいく!!

1 褒めるとき

ありがとう

長子がもっとも欲しがる褒め言葉、それは「ありがとう」のひとことです。「仕事できるね」「すごいね」など、すばらしさを褒めたたえられて嬉しくないわけではありませんが、元々自尊心が高いので、本音を言えば「まあ、そうだよね」ぐらいの気持ち。むしろ、「ありがとう」「助かったよ」「うれしいです」と言われたほうが、「うむ、苦しゅうない」と喜べるのです。どんなことでも、無理にでも感謝の気持ちに変換してみましょう。

2 叱るとき

しっかりしなさい

子どものころからしつこく親に「しっかりしなさい」と言われ続けてきた長子たち。うんざりかと思いきや、「『しっかりしろ』と言われると、気持ちがシャッキリする」とのこと。きまじめで、しっかりす“べき”と思っている人たちには、これぐらいのハッパをかけて責任感に訴えるといいでしょう。逆に、遠回しに叱るのは逆効果。「言いたいことがあるならはっきり言ってほしい」「結局、何が言いたいの？」と論戦をふっかけられかねません。

長子

には

3 謝るとき

反省してます

“叱る”の逆パターンで、何はともあれ反省の意をしっかり伝えることが大切です。できるだけションボリした風情を漂わせるのもポイント。下手に出ることで「ったく、しょうがないな」と案外あっさり許してもらえることも。逆に、反省のステップを飛ばして「仕方がなかったんです」と言い訳したり、「この埋め合わせは必ず！」などと譲歩を切り出すと、「本気で悪いと思ってるようには見えない！」と怒りが再燃。話がこじれやすくなります。

4 慰めるとき

がんばれ

ミスをして落ち込んでいる長子に優しすぎる言葉は逆効果。「がんばるしかないよ」「きっとできるよ、がんばって」など、前を向かせる言葉が有効です。「そうだ。へこたれている場合じゃない、自分がやらなくてどうするんだ」と物語の主人公気取りで元気を取り戻してくれるはずです。一方で励ませば励ました分だけ無理をして空元気を出し、自分を追い込むクセもあるので、乱発は禁物です。

5 誘うとき

みんな待ってます

もともと義理堅く、周囲の期待には応えたいのが長子の性分。コミュニティに貢献してきた自負もあるため、「みんな待ってます」「××さんがいないと始まらない」などと自負心をくすぐられると、多少無理をしてでも駆けつけようと考えます。「来てくれたら〜〜」など交換条件をちらつかせるのは禁物。たとえ参加したかったとしても「そんなものに目がくらんだわけじゃないし」とへそを曲げてしまうことになります。

6 口説くとき

つき合うべきだと思う

「俺たち、つき合うべきだ」「私たち、合うと思うからつき合わない?」といった、やや芝居がかったセリフが長子には刺さります。好き、とか、さみしい、とか、そういった一時期の感情でつきあう“べき”ではないと思っている彼ら。「互いの価値観をすりあわせることができたから、さあ、つき合いましょう」という冷静な口説き文句こそが、彼らにとって納得のいくものなのです。遠回しに好意を伝えようとしても鈍感な彼らは気づかない恐れもあります。

7 頼むとき

頼りにしてます

長子のやる気を手っ取り早く引き出すためには「頼りにしてる」が効果的です。幼いころから人から頼りにされることに慣れているので、彼らにとって「頼られる」ことは、呼吸をするように自然なこと。事後には「助かりました」とフォローを忘れずに。逆に、「頼んだら迷惑かも」という遠慮は逆効果。“能力を疑われている?”と不安になったり、“ないがしろにしてるのか!”と腹を立てたり。長子の厄介な面を引き出すことになりかねません。

8 断るとき

すみません

長子からの依頼や誘いを断るときのポイントは「申し訳なさ」を前面に押し出すこと。あれこれ言い訳する必要はありません。何はともあれ、「すみません」と謝り倒して十分に同情を買ってから、事情説明を。「断られた」とプライドを傷つけることさえ回避できれば、「オッケー、じゃ、またね」「そっか、僕のほうでやっておくよ」と快く引き下がってくれるはずです。「謝るとき」の項も参考にして、あくまで下手に出ましょう。

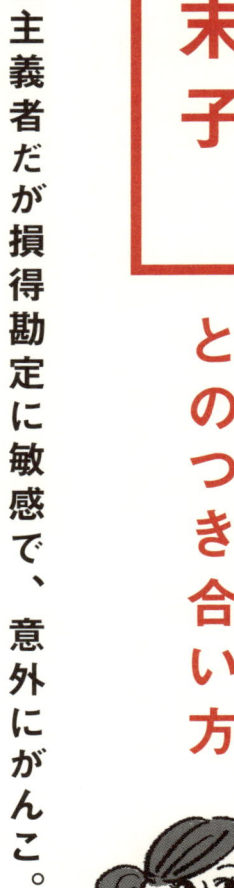

末子とのつき合い方

平和主義者だが損得勘定に敏感で、意外にがんこ。交換条件を出してドライに交渉すべし

末子の人づき合いの根底にあるのは**「圧倒的平和主義」**。幼いころから一家のムードメーカーとして過ごしてきたため、もめ事を避けて楽しく過ごしたいと願っています。表面的には腹を立てたり声を荒げたりすることはない反面、イヤなことはイヤと拒否し続ける、がんこな一面もあります。

家族の〝要保護対象〟として育ってきた経緯から、甘やかされ、守られることに慣れています。人からの愛情も素直に受け入れますし、他人を脅かそうという発想がな

1 楽しいことが大好きな平和主義者

重苦しい雰囲気やもめごとを嫌い、面倒なことはできるだけ避けようとする。しかも陽気で社交的。

2 「誰かがなんとかしてくれる」

責任を持ったり、決断をまかされたりすることが大の苦手。ノリや愛嬌でその場をごまかしてやり過ごそうとする。

3 損得勘定に敏感

世渡り上手で、自分の得にならないことはしたがらない。交渉するにはドライに交換条件をちらつかせるのが◎。

いのも特徴です。

人生で最も重要なのはラクをして陽気に過ごすこと。楽しく過ごせるなら、多少モラルを破っても構わないと考えています。

末子のもう一つの行動理念が「損得勘定」。「きっと誰かがなんとかしてくれるだろう」という強い信念もあります。

決断や責任を避け、のらりくらりとかわし続けるくせに、自分の得にならないことはしたがらない末子は、ときとして、話にならないほど面倒な相手。彼らを動かそうと思ったら、**交換条件をちらつかせて現実的に交渉する**しかありません。

このひとことでうまくいく!!

1 褒めるとき

すごい!

子どものころから愛想よく、要領よくものごとをこなしてきた末子は、褒められ慣れてるし、褒められるのが大好き。凝った言い回しは不要で「すごい！」「頭いい！」「うまい！」など、どんな言葉でもそこそこ刺さります。ノリと勢いで褒めてあげるといいでしょう。逆に言うと、それでやる気を出したり、謙遜したりはしません。「まあね」と増長することもしばしばなので、それほど効果は期待せず、あいさつ代わりに褒めておくぐらいがいいでしょう。

2 叱るとき

次から気をつけて

叱られても萎縮するか、開き直るかだけで、行動の変化にはつながらない末子。そんな彼らに刺さるのが「次から気をつけて」というフレーズ。「この失敗をムダにするなよ」「経験の中で学べ」など、彼らの要領主義・功利主義を刺激するのです。ガツンと言ってやりたい気持ちはわかりますが、効果は一時的なもの。むしろ“起きてしまったことは仕方がない”という物わかりのいいスタンスで接したほうが、彼らとしても聞く耳を持つはずです。

末子 には

3 謝るとき

代わりに○○させて

末子に謝るときに効果的なのは、具体的な“埋め合わせ”を提案することです。「ほんとごめん、明日の残業代わるね」「お詫びにランチごちそうさせて」など些細なことで構いません。彼らが欲しいのは反省の姿勢ではなく“慰謝料”なのです。「本当にごめんなさい、反省してます」と何度も謝られて場の雰囲気が暗くなるくらいなら、いっそ謝らなくていい、その分見返りをちょうだい、という極めてドライな思考の持ち主なのです。

4 慰めるとき

大丈夫

ションボリと落ち込んでいる末子を慰めるのに有効なフレーズは「大丈夫」「きっとなんとかなるよ」といった、根拠のない励ましです。根は能天気な末子のことですから「…だよね！」「そうかな！　うん、なんか元気になってきた」とすぐ元気を取り戻すことでしょう。基本、他力本願ではあるのですが、「根拠はあるの？」「無責任なこと言わないでよね」などと面倒なことは言いません。あくまでその場のノリで納得してくれるので、安心です。

5 誘うとき

○○があるよ

目の前にエサをぶら下げられると弱いのが末子。「飲み放題だよ」「料理おいしいらしいよ」「イケメンが来るよ」など、参加するメリットを提示されると俄然、意欲がかきたてられます。いっぽう「あなたが来ないと始まらない」などは逆効果。「いやいや、待たれても困るし」「先に始めててよ」が末子の本音。持ち上げられるのは不慣れで、むしろ軽んじてもらったほうがラク。おいしいところだけ持って行きたいのが末子のポリシーなのです。

6 口説くとき

つき合ったら楽しいよ

楽しさと気楽さをこよなく愛する末子は、口説かれるときも軽やかさを求めます。「つき合ったら」という仮定の話なので、シリアスさはゼロ。しかも、「楽しい」というメリットも提示しているという、じつに末子向きのフレーズです。居心地の良さに弱いのも末子の特徴なので、友達からスタートし、スルリとふところに飛び込むといいでしょう。その分、気楽に振られてしまうかもしれませんが、気まずくならないよう気を遣ってくれるはずです。

7 頼むとき

これが終われば○○だよ

末子のやる気を引き出すのに最も効果的なのは「ごほうび」です。「この仕事が終わったら、飲みに行こう」「キリがいいところまでやったら、おやつにしよう」など、鼻先にニンジンをぶら下げるとおもしろいほどがんばります。「成長できるから」「助けてくれたら恩に着る」といった精神論への反応はイマイチ。明日の成長よりも、今日のごほうび。義理人情に訴えるより、好物でも差し入れしたほうがよほど張り切るはずです。

8 断るとき

また今度ぜひ

末子からの誘いや依頼を断る際には、「また今度ぜひ！」と、明るく前向きなトーンを忘れないように。「断るならサクッと断ってほしい」と願う末子に対しては、最後にポジティブなひと言を付け加えればOK。「本当は行きたいんだけど……」などはっきりしない回答は重たいし面倒。また、丁寧に断ろうと思うあまり、「誠に申し訳ありません」など大仰な対応にならないようにも注意。長子とは逆に“親しき仲はなぁなぁに”が末子の信条です。

中間子 とのつき合い方

人当たりはよいが、内面は実に複雑で繊細。相手を尊重し、味方になることがカギ

中間子の人づきあいスタイルは**複雑で繊細**。空気を読むのが得意な気配りの人であるのと同時に、他人からの注目を求めている。それなのに、その気持ちを素直に表せない……、と実に込み入っています。そのため駆け引きや探り合いも得意とします。

一見すると人当たりが良く誰とでも仲良くつき合うのに、じつは心を開いていなかったり、些細なことで傷ついたり。なんとも一筋縄ではいきませんが、裏を返せばきわめて人間味にあふれた深みのある性格。また、人づき合いや人間関係をとても大

1 複雑な八方美人
人当たりよく誰とでも仲良し。でもじつは心を開いていなかったり些細なことで傷ついたりしていることも。
2 気配り上手な目立ちたがり屋
気配りの人でありながら、意外に自分への注目を求める。そのため駆け引きや探り合いも得意。
3 人間関係を重視
相手が自分をどう思っているかに非常に敏感で、尊重されればされた分だけ相手を大事にする。


事にする人情家でもあります。

多くの中間子が大人になってからも思春期さながらのアンビバレンツな感情をもてあましています。そんな中間子とうまくつきあっていくには、その葛藤と並走する覚悟が必要です。

といっても恐れる必要はありません。中間子たちは、**尊重されればされた分だけ相手を大事にするという義理堅い一面**もあります。

さらには細かな気持ちの機微を一瞬で察して、**人を動かす交渉の達人**でもある彼ら。味方につければ、これほど頼もしい相手もいないでしょう。

このひとことでうまくいく!!

1 褒めるとき

うらやましい

なにごとも、周囲との関係性でものを考える、“人間関係オタク”である中間子。彼らを褒めるなら「うらやましい」が効果的です。単に「すごい」「えらい」「よくやった」と褒めても、客観的な評価はいまひとつ刺さらないのです。「他の誰でもない、私が、あなたを褒めている」という姿勢が重要です。また、「部長もすごいって言ってたよ」「隣の部署でも評判になっていた」など他人を引き合いに出して褒めるのもいいでしょう。

2 叱るとき

もっとできるはず

中間子を叱るときには、一工夫が必要。頭ごなしにどなったり、シンプルにハッパをかけたりしても、拗ねてしまう危険が。ここはひとつ「期待しているからこそ厳しいことを言うんだ」「君ならもっとできるのに残念だ」など、秘めた愛情をアピールしましょう。必要とされている、期待されているという実感が、彼らを突き動かすエネルギーになります。ムチのあとにはアメを。ツンのあとにはデレを。手間をかけたらかけた分だけの効果は見込めます。

中間子  には

3 謝るとき

いやな思いをさせて ごめん

繊細で感受性の豊かな中間子に謝るときの基本は、「ご心配をおかけしました」「悲しませたね」など、気持ちにフォーカスを当てることです。「ごめんって言ってるじゃん」とキレ気味に謝っても、「何がごめんなの？」と食い下がられることになります。どっちが悪いなどの事実関係はいったん横に置いて、腹を立てている彼らの気持ちに寄り添いましょう。そこさえクリアになれば、細かなミスには目をつぶってくれます。

4 慰めるとき

君のせいじゃない

落ち込んでいる中間子を励ますには「君のせいじゃない」「君は悪くない」とフォローするのがいいでしょう。謙虚で思慮深い彼らのことですから、隙あらば「自分のせいなんじゃないか」と、自己嫌悪に陥りがち。あるいは逆に「どうして自分だけがこんな目に……」と周囲を恨んでみたり。「あなたに非がないことは、私がよくわかっている」ということさえ伝われば、「それならいいんだけど……」と元気を取り戻します。

5 誘うとき

みんな来るよ

周囲の視線を気にしがちな中間子は誘われても、はっきり返事をしない傾向があります。「すぐに参加を表明したら暇だと思われるんじゃないか」「社交辞令で誘われただけなのでは……？」などと、素直になれないのです。そんな中間子に刺さる言葉は「みんな来るよ」。自分だけが参加しないという悪目立ちは避けたい彼らは、すぐさまOKの返事をくれるはずです。その他「○○さんが会いたいって言ってる」などのフレーズも効果的です。

6 口説くとき

君みたいな人はいない

中間子が恋愛に求めているのは「スペシャル感」です。これまで異性と意識したことがなかった相手からでも、「君みたいな人はいない」「ずっと気になってた」など、かけがえのない特別な存在であることをアピールされると、弱いようです。自分のことが「好きだけど嫌い」な中間子は、肯定されたい気持ちが人一倍強い、いわゆる恋愛体質。ロマンティックな言い回しを、どれだけ照れずに言えるかが勝負となります。

7 頼むとき

あなたしかいない

中間子のやる気を引き出すなら、情に訴えるのがいいでしょう。「困ってるから助けてほしい」と泣きついたり、「君にしかできない」と持ち上げたり。さらには「いつでも相談してね」「私もちゃんと見てるから」など、見守っていること、一人ではないことを伝えると、安心して取り組んでくれます。一度信頼すればいざというときに「一肌脱ぎますよ」と高い忠誠心を発揮するのも中間子の特徴。とにかく、コミュニケーションを怠らないことです。

8 断るとき

残念なんだけど

中間子の誘いや依頼を断るとき、気をつけたいのは相手を不安にさせてしまわないこと。そっけなく「行けない」「NGです」と返そうものなら、「嫌われているんじゃないか」「迷惑だったんじゃないか」と妄想が止まりません。「すごく残念なんだけど」「うわー、行きたかった」と、気持ちを大げさに伝えるようにします。そうすれば「誘ってよかったんだ」と安心するだけでなく、「なんていい人！」と素直に感動し、次もまた誘ってくれるはずです。

一人っ子とのつき合い方

マンツーマンの関係に強く、距離の取り方は独特。言いたいことは、はっきり伝えるのがコツ

一人っ子の人づき合いを一言で言い表すなら**「ユニーク」**です。子どものころから家の中できょうだいと接することなく育つので、彼らにとって「ひとり」は普通のこと。人に合わせるのも苦手で、そもそも**人間関係・人づきあいへの意識自体が希薄**です。

家庭の中で親という大人とじっくり関係を育んできた一人っ子は、マンツーマンの関係にはめっぽう強く、信頼した相手とはベッタリつき合います。が、それ以外の他人に対しては極めてドライ。**身内と認めた相手と、それ以外に対する距離感がまるで**

1 「ひとり」が普通

人に合わせるのが苦手で、そもそも人間関係・人づき合いへの意識自体が希薄。距離の詰め方も一風変わっている。

2 マンツーマンの関係が得意

信頼した相手とは一対一でベッタリつき合う。が、それ以外の他人に対しては極めてドライ。

3 素直でまっすぐな性格

「言わないとわからないけれど、言えばわかってくれる」を基本に、察してもらおうとせず説明することが大事。

違うのです。

また人との距離の取り方も不慣れで独特。ずっと気のないそぶりをとっていたくせに突然距離を縮めてきたり、昨日まで仲が良かったのに突然音信不通になったり……。その振れ幅が、多くの人を驚かせますが、本人としてはいたって普通。

いかなるときもマイペースを崩さず、人間関係の機微や、人づき合いの常識が通じない相手ではありますが、もともとはたっぷり愛されて育った、クセのないまっすぐな性格。

「言わないとわからないけれど、言えばわかってくれる」が一人っ子とのつき合い方の基本となります。

このひとことでうまくいく!!

1 褒めるとき

さすが!

まっすぐに個性を育まれてきた一人っ子を褒めるなら“らしさ”にフォーカスを当てるのが王道。「さすが！」「○○君らしいよね」といったフレーズで、自尊心をくすぐります。とても素直な彼らに対して、基本はシンプルに褒めるのが効果的。「助かったよ」と感謝を述べたり、「うらやましい」と羨望をアピールしたりすることは、人間関係センサーの鈍い彼らには、残念ながら効果がありません。

2 叱るとき

何がダメだったと思う?

マイペースでマイルールな一人っ子にはまず、「なぜ叱られたのか」を腹落ちさせる必要があります。一方的に叱るというよりはこんこんと説明する、納得するまで考えさせる作業になります。が、ひとたび納得すれば素直に行動を改めるはずです。「しっかりしろ」とプレッシャーをかけたり、「できると思うから言うんだ」と期待をかけたりする言葉は、例によって、「はぁ……？」とスルーされてしまいます。

一人っ子  には

3 謝るとき

本当にごめん

一人っ子は、すべての行動において悪気がありません。そのため、相手の行動に対しても悪く取らない傾向があります。「ほんとは反省してないんじゃないか」と疑ったり、「誠意が足りない」と冷ややかな視線を向けたりはしない。ですから、ここでの正解は許してくれるまで、シンプルに「ごめん」「本当にごめん」と謝り続けることとなります。下手に言葉を重ねるよりも、いっそのこと土下座でもしたほうが効果的です。

4 慰めるとき

ツイてなかったね

落ち込んでいる一人っ子にかける言葉としては、シンプルに「元気出しなよ」でもいいのですが、ここは「ツイてなかった」「運が悪かっただけだから気にしなくていいよ」といった第三者目線を導入すると効果的。変な人間関係にとらわれない分、「自分のせいでもないし、人のせいでもない、仕方なかった」と頭を切り換えられれば、ケロッと元気を回復して前に進める健全なタフさを持っています。

5 誘うとき

気が向いたら来て

もともと自分のペースを乱されるのが苦手な一人っ子。“他人に合わせなくてはいけない場”というのはそれだけでストレスです。そんな一人っ子を誘うときは「気が向いたら来て」が定番にして鉄板。一見そっけないようですが、これは「あなたのペースを尊重します」というアピールでもあります。居心地がよさそうな場だと察知すれば、イソイソと来てくれるはずです（すぐに帰ってしまうかもしれませんが）。

6 口説くとき

私のことどう思ってる?

他人の言動や思惑に関心がない一人っ子相手に、駆け引きやモテるためのテクニックは通用しません。そもそも、相手の視界にすら入ってない場合もあるでしょう。そんな一人っ子を口説くには「私のこと、どう思っている?」というセリフでまず、意識させること。そう聞かれると「えっと、どうだろう……?」と考え始めるのが、一人っ子のまっすぐさ。急に異性として意識し始めることでしょう。

7 頼むとき

やり方は任せるよ

自分基準で動く一人っ子のやる気を、他人が引き出すのは至難の業。効果的なのは「自由にやって」と丸投げしてしまうことで、そうすれば「自由だ！」とやる気を出してくれるはずです。しかし、これでは少々心許ないでしょう。自由にやり過ぎて暴走されても困ります。「期日は○日まで。やり方は任せる」「おおむねこの方向で。あとは任せる」など裁量の範囲をしっかり区切るのも一案です。

8 断るとき

先約がある

一人っ子は、行きたくなければ人の誘いをあっさり断ります。その代わり、自分の誘いがさくっと断られてもまったく傷つきません。「先約があります」「その日は行けない」と言われれば、「オッケー」と納得して本当に引きずらないのです。“人づき合いの常識”なんてものを参考に、申し訳なさそうにしたり、丁寧に言い訳したりしても意味はないどころか、「変な人……」と避けられてしまうでしょう。

おわりに

私のきょうだい型は**末子**です。5つ上に兄が、3つ上に姉がいます。

子どものころは、体が弱かったこともあり親からは徹底的に甘やかされて育ちました。母につけ入って横暴な兄を叱ってもらったり、冷蔵庫に取っておいたヨーグルトを姉に食べられて憤慨したりしたのも、今ではいい思い出です。

末子的な性格、つまり、効率主義で損得勘定にシビア、もめ事を嫌って楽しく生きたいと願うところは、私自身の中に、確かにあるような気がします。

〝あるような気がする〟と書いたのは、なにも恥ずかしがって言葉をにごしたわけではありません。正確に言うと、今回この本を書いてみて、これまでうっすらと自覚していたそういう傾向が、改めて再確認できたというのが正直なところです。

きょうだい型をテーマにさまざまな人にインタビューを重ねてみて実感したのが、**「世界は広い」**ということでした。自分では思いもつかないようなことを考えて生きている人が、世の中には本当にいるんだ、と。

長子のみなさんの「頼られたい」「弟妹を人として認めていない」という証言には心から驚きましたし、**中間子**のみなさんの〝愛情のエアポケット〟発言には、いたく感じ入りました。

一人っ子のみなさんの「人とモメたくないから逃げちゃう」というエピソードには、これまでの**一人っ子**とのやりとりの経験を顧みて、ため息が出ました。

そしてなんと言っても、**末子**のみなさんが口をそろえた「最終的には誰かがなんとかしてくれると思っている」という信念には、自分の心の中を見透かされたような思いがしたものです。

確かに**長子**に比べれば「無責任」かもしれないし、**中間子**に比べれば「自己肯定感が強い」かもしれない。**一人っ子**よりは「人づきあいに関心がある」かもしれないし、**末子**独特の「依存心」のようなものが自分の中にあるような気もする……。

そうやって、この年になって改めて、自分の性格を確認し、補強することができたのは、思いがけない収穫でした。

結局のところ、性格とはそういうものではないでしょうか。

自分で「私はこういう性格だ」と自認することには、どうやら限界がありそうです。私などは職業柄、自分の心理については客観的に捉えられていたつもりですが、それでも新たな発見はまだまだある。

性格とは実に相対的なもの。あの人に比べたら私はこういう傾向があるかもしれない。あの人たちから見たら、私はこういう性格に見えているだろう。そうした手ざわりの集積が、人格を形づくるのでしょう。

「自分探しとは他人探し」という言葉があるように、結局、他人をきちんと知ることでしか自分は理解できないわけです。

＊＊＊

今回「生まれ順」「きょうだい構成」という身近なテーマを題材に、世の中の人を四つのきょうだい型に分けることに挑戦しました。もちろん、人とはそんな簡単に分類できるものではないし、例外だってたくさんあります。

それでも、こうしたタイプ別分析を読みながら、「あはは、確かに私ってそうかも」と笑っているうちに、次第に「え、みんなそうじゃないの？」と心配になり、次に「あ、こういう人いるいる」と再び笑って安心し、最終的には「うーん、この人たちに比べたら、自分ってこういう性格かもなあ」と納得する。そうやって、**他者と自分を行ったり来たりしながら考えを深める素材として、この「きょうだい型」という枠組みが役立てばと、願っています。**

では、そうやって、自分の性格の特徴を知り、他者への理解が深まったら、どうすればいいでしょうか。むしろ際だってしまった差異をどう埋めればいいでしょうか。

もしかしたら**長子**のみなさんであれば「違いをすり合わせる」「妥協点を探るべく話し合いを重ねる」といった解決策にたどり着くかもしれません。もちろん、それも正しい行いです。

ですが、**末子**である私は、別のことを考えました。違うなら違うでいいじゃないか、と。相手を変えるのは、なかなかに困難なことです。自分を変えるのは、もっと大変でしょう。であれば**違う者同士、尊重し合えないか。お互いそのままで、なんとかやっていけないものか**、と。

そこで、コミュニケーションの出番です。

コミュニケーションとは、心を通い合わせる魔法ではありません。もちろんそういう面もありますが、過剰に期待しない方がいいでしょう。むしろ目的を達成するための技術であり、ツールと割り切ったほうが、なにかと都合がいいはずです。

「郷に入ったら郷に従え」ではありませんが、海外ではその国の言葉を話す必要があります。見よう見まねでもとりあえずは話してみる。まずはそこから、人と人の関係は始まります。心の底から仲良くなったり、親友になって酒を酌み交わすようになるのは、もっと先の話です。

つまり、**言葉なんて、コミュニケーションなんて、通じればいいのです**。とりあえずは効率的に、要領よく、人とのつながりをつくっていけば、最終的には、深いところまでわかり合えるかもしれません。

そういう思いから、この本では、4つのきょうだい型の性格や心理を分析するだけでなく、それぞれへ伝わりやすいコミュニケーションについても論じました。

同じ「謝る」でも、同じ「叱る」でも、世の中にはいろいろな言い方があります。どうしてこの言い方は自分にはぐっときて、あの人にはぐっとこないのか。そのメカニズムを知り、4つの言語を使い分けられるようになれば、あなたは人づき合いにおいて、とても強力な武器を一度に手にすることになります。ぜひ、見よう見まねで試してみてください。

・まずは自分を知り、次に相手を知り、結果的に自分をより深く知る。
・自分とは違う相手に対して、〝伝わりやすい言葉〟を選ぶことで、人間関係を円滑に進める。

この2つこそが、私がこの本でみなさんに伝えたかったメッセージです。

＊＊＊

最後に、笑い話をひとつ。

私は現在「五百田ゼミ」という「コミュニケーション・人間関係・言葉」をテーマとした勉強会を主宰しています。あるとき、きょうだい型についてディスカッションする回があり、参加者の中に3人の女性がいました。きょうだい型はそれぞれ、**長子・中間子・末子**。終了後、会費を支払うときに事件は起きました。

長子さんは、「お釣りのないようにご準備ください」という事前の注意書きをしっかり守って、封筒に用意した3500円で率先して支払いを済ませます。

中間子さんは、「500円玉までは用意できなくて…すみません」と申し訳なさそうに、4000円をおずおずと差し出します。

最後に**末子**さんは、ニコニコとなにも悪びれることなく、10000円札を無造作に取り出すのでした。いわく「どうせ誰かが細かいの出すだろうなー、と思って」とのこと。

きょうだい型の性格の違いについて話した直後の出来事だったので、会場は爆笑に包まれました。できすぎた話のようですが、実話です。

＊＊＊

と、はじめはこんな冗談みたいなところからでもかまいません。まずは、ご家族や友人、職場の仲間と、このテーマについて話してみてください。意外な人が意外なテンションで、「あ、やっぱり。前から思ってたんだ！」「うちの夫も**一人っ子**で〜」と、エピソードを話し始めてくれるはずです。

誰もがうっすら知っていたけど、誰もちゃんと分かっていなかった「きょうだい型」をネタに、ワイワイと盛り上がってもらえれば、そして結果的に、あなたがあなた自身について知り、他者を知り、身近な人と上手にコミュニケーションを取れるようになってもらえれば、著者としてこれ以上の喜びはありません。

最後になりますが、インタビューにご協力いただいた多くの方々、ならびに執筆にご協力いただいた真野江利子さん（**末子**）、島影真奈美さん（**長子**）、大高志帆さん（**一人っ子**）、ディスカヴァー・トゥエンティワン社長・干場弓子さん（**長子**）、編集部・大竹朝子さん（**末子**）に、心からの感謝を述べたいと思います。ありがとうございました。

2016年11月　五百田 達成

35万部突破！　五百田達成『察しない男　説明しない女』シリーズ

察しない男　説明しない女
男に通じる話し方
女に伝わる話し方

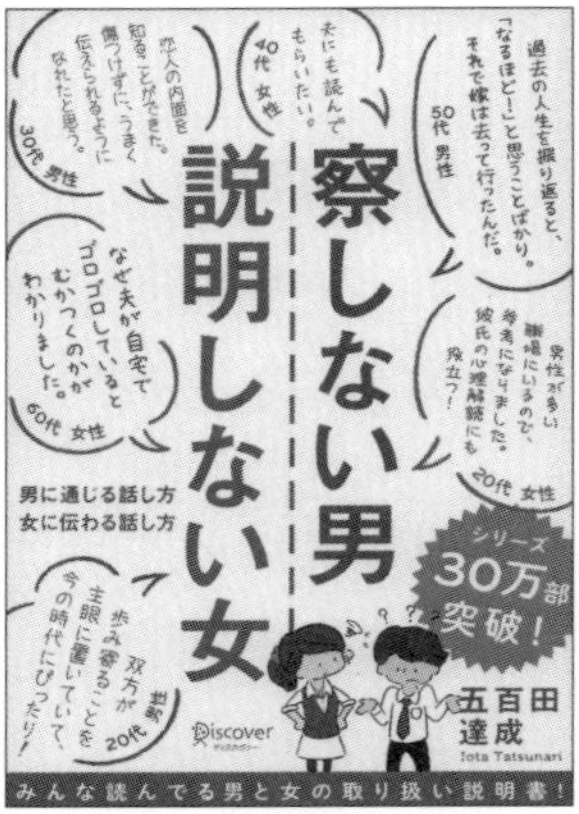

四六版ソフトカバー　１４０４円（税込）

「もっと早く読みたかった！」「女性部下の気持ちがわかるようになった」「離婚の危機が回避できました」など、読者の声続々！

「男はギラギラしたい　女はキラキラしたい」「男は世界から認められたい　女は世間から認められたい」「男は『最初の男』になりたい　女は『最後の女』になりたい」など、男女の違いをコミカルに描き出し、その溝を埋める「ひとことフレーズ」を掲載。「あるある」と楽しく読めてためになる、使える一冊です。

不機嫌な長男・長女　無責任な末っ子たち
「きょうだい型」性格分析&コミュニケーション

発行日　2016年11月15日　第１刷
2017年４月20日　第10刷

Author　五百田達成

Illustrator　川原瑞丸
Book Designer　小口翔平＋喜來詩織（tobufune）

Publication　株式会社ディスカヴァー・トゥエンティワン
〒102-0093　東京都千代田区平河町2-16-1 平河町森タワー11F
TEL　03-3237-8321（代表）
FAX　03-3237-8323
http://www.d21.co.jp

Publisher　干場弓子
Editor　大竹朝子（編集協力　島影真奈美）

Marketing Group
Staff　小田孝文　井筒浩　千葉潤子　飯田智樹　佐藤昌幸　谷口奈緒美
西川なつか　古矢薫　原大士　蛯原昇　安永智洋　鍋田匠伴　榊原僚
佐竹祐哉　廣内悠理　梅本翔太　奥田千晶　田中姫菜　橋本莉奈
川島理　渡辺基志　庄司知世　谷中卓　小田木もも

Productive Group
Staff　藤田浩芳　千葉正幸　原典宏　林秀樹　三谷祐一　石橋和佳　大山聡子
堀部直人　林拓馬　塔下太朗　松石悠　木下智尋

E-Business Group
Staff　松原史与志　中澤泰宏　中村郁子　伊東佑真　牧野類

Global & Public Relations Group
Staff　郭迪　田中亜紀　杉田彰子　倉田華　鄧佩妍　李瑋玲　イエン・サムハマ

Operations & Accounting Group
Staff　山中麻吏　吉澤道子　小関勝則　池田望　福永友紀

Assistant Staff　俵敬子　町田加奈子　丸山香織　小林里美　井澤徳子　藤井多穂子
藤井かおり　葛目美枝子　伊藤香　常徳すみ　鈴木洋子　片桐麻季
板野千広　阿部純子　山浦和　住田智佳子　竹内暁子　内山典子

Proofreader&DTP　朝日メディアインターナショナル株式会社
Printing　中央精版印刷株式会社

ISBN　978-4-7993-1962-8　